2021 全球人工智能创新指数报告

中国科学技术信息研究所 著

·北京·

图书在版编目（CIP）数据

2021全球人工智能创新指数报告/中国科学技术信息研究所著. —北京：科学技术文献出版社，2022.12
ISBN 978-7-5189-9972-9

Ⅰ.①2… Ⅱ.①中… Ⅲ.①人工智能—技术发展—研究报告—世界—2021 Ⅳ.①F491 ②TP18

中国版本图书馆CIP数据核字（2022）第241220号

2021全球人工智能创新指数报告

策划编辑：崔　静　责任编辑：巨娟梅　张瑶瑶　责任校对：张永霞　责任出版：张志平

出　版　者	科学技术文献出版社
地　　　址	北京市复兴路15号　邮编 100038
编　务　部	（010）58882938，58882087（传真）
发　行　部	（010）58882868，58882870（传真）
邮　购　部	（010）58882873
官 方 网 址	www.stdp.com.cn
发　行　者	科学技术文献出版社发行　全国各地新华书店经销
印　刷　者	北京时尚印佳彩色印刷有限公司
版　　　次	2022年12月第1版　2022年12月第1次印刷
开　　　本	787×1092　1/16
字　　　数	214千
印　　　张	13.5
书　　　号	ISBN 978-7-5189-9972-9
定　　　价	98.00元

版权所有　违法必究

购买本社图书，凡字迹不清、缺页、倒页、脱页者，本社发行部负责调换

编写组

徐 峰　　高 芳　　李广建　　罗立群
何 婷　　李 芳　　刘鑫怡　　张 昊
侯慧敏　　刘 乾　　司伟攀　　张 东
雷孝平　　庞 娜　　张庆芝　　陈 沫
袁 钺　　王宇轩

前　言

当前全球人工智能正处于加速发展期，理论创新和技术突破层出不穷，应用场景加快涌现，各国推动人工智能发展的战略性举措不断更新完善，人工智能已成为大国博弈的核心阵地。加快发展人工智能事关我国发展全局和国家安全，是我们赢得全球科技竞争主动权的重要战略抓手，是推动我国科技跨越发展、产业优化升级、生产力整体跃升的重要战略资源。为客观评价全球主要国家的人工智能发展态势，明晰我国所处位势，2019年中国科学技术信息研究所联合北京大学成立了全球人工智能创新指数研究组，开展全球人工智能创新指数研究工作，组织撰写《全球人工智能创新指数报告》，探索构建科学合理的指标体系，以对全球主要国家和地区的人工智能创新发展情况进行量化评估。

2021年，研究组继续推进该项研究工作，在前两年的研究基础上进一步丰富完善，基于新数据的出现及对人工智能创新的深入认识，对个别指标进行了调整。《2021全球人工智能创新指数报告》结合人工智能的概念特征及创新基础理论，构建了一个三层指标体系，其中包括基础支撑、创新资源与环境、科技研发、产业与应用4个一级指标，计算基础、网络基础、人才和专利等10个二级指标，以及数据中心保有率、互联网使用率、人均人工智能专利授权量等29个三级指标。

《2021全球人工智能创新指数报告》对46个国家（主要包括G20成员国、欧盟成员国和部分"一带一路"沿线国家）的人工智能创新水平进行综合评价和分类评价，不仅得出各国的人工智能创新指数，还对每一个三级指标进行更深入的国别分析，刻画了各国人工智能创新的综合实力及其明显的优劣势。

按照2021年人工智能创新指数得分排名，可将46个参评国家分为四大梯队。进入第一梯队的只有美国和中国，第二梯队包括韩国、英国等9个国家，第三梯队包括瑞典、卢森堡等 13 个国家，第四梯队包括印度、俄罗斯等 22 个国家。处于第一梯队的中美继续保持领先优势，与其他国家拉开较大差距；第二梯队国家综合实力相近且各具发展优势，呈现你追我赶的竞争态势；第三梯队国家拥有良好的创新基础，但尚未转化成技术创新和产业发展成果；第四梯队国家人工智能整体发展水平比较落后，创新基础较为薄弱，但其中部分国家在科技研发和产业发展等产出层面已有很大进展。

中国人工智能保持较快的发展势头，综合实力不断提升，人工智能创新指数连续两年排名第二，且与美国的差距进一步缩小。从细分指标看，中国科研产出持续增长，全球 500 强超算中心数量连年保持首位，人工智能开源项目影响力明显提升，人工智能企业蓬勃发展，5G、物联网等相关技术发展迅速。但相较于自身快速增长的创新产出而言，中国的创新投入规模和质量还有很大提升空间。例如，高质量教育和劳动力资源储备不足，信息化基础还无法很好地支撑人工智能的深层次应用。为此，我们还需要进一步夯实创新基础，为人工智能高质量发展提供源源不断的动力。

评价国家人工智能创新能力，及时研判我国人工智能发展位势并总结经验、分析问题不足等，是一项需要持续研究的课题。《全球人工智能创新指数报告》仍有许多不足之处，欢迎社会各界批评指正，以助我们进一步修改完善。

《全球人工智能创新指数报告》编写组
2022 年 8 月

目　录

第一章　人工智能创新指数指标体系 1
一、现有评价体系及其共性特征 1
二、全球人工智能创新指数体系设计 3
（一）概念模型 3
（二）设计特点 4
（三）指标体系 5
（四）参评国家 6

第二章　全球人工智能创新指数评价综合结果 8
一、总体排名 8
二、四大梯队 11
（一）第一梯队：中美遥遥领先 11
（二）第二梯队：各具创新优势 12
（三）第三梯队：创新产出不足 15
（四）第四梯队：普遍发展落后 18

第三章　人工智能基础支撑 23
一、人工智能基础支撑总体情况 23
二、人工智能计算基础 25
（一）数据中心保有率 25
（二）全球TOP500超算中心占比 28
（三）人均发电量 31

三、人工智能网络基础 34
  （一）移动蜂窝电话订阅率 34
  （二）互联网使用率 36
  （三）固定宽带订阅率 38
  （四）5G 建设水平 40

第四章　人工智能创新资源与环境 43
一、人工智能创新资源与环境总体情况 43
二、人工智能人才 45
  （一）人工智能顶级学者人口参与率 45
  （二）人工智能开源代码贡献量 47
  （三）人工智能高收藏量开源代码占比 49
三、人工智能教育 51
  （一）高水平人工智能核心专业开设率 51
  （二）全日制科学和工程博士生占比 53
  （三）PISA 测试成绩 55
四、国家研发投入 55
五、人工智能创新制度 58
  （一）国家人工智能发展政策与规划 59
  （二）国家人工智能社会治理 61

第五章　人工智能科技研发 65
一、人工智能科技研发总体情况 65
二、人工智能学术论文 68
  （一）人均人工智能论文产出量 68
  （二）人工智能顶级论文量 72
  （三）人工智能全球 TOP100 高被引论文占比 74
三、人工智能专利 75
  （一）人均人工智能专利申请量 76

（二）	人均人工智能专利授权量	78
（三）	人均 5G 专利申请量	82
（四）	人均 5G 专利授权量	83

第六章　人工智能产业与应用　　87
一、人工智能产业与应用总体情况　　87
二、人工智能产业　　90
（一）人工智能企业数量　　90
（二）人工智能企业平均融资金额　　92
（三）人工智能上市企业数量　　94
（四）人工智能从业人员人口参与率　　96
三、人工智能应用　　99
（一）集成电路盈利水平　　99
（二）物联网 TOP500 企业占比　　101

第七章　中国人工智能创新发展情况分析　　103
一、总体位势　　103
二、发展优势　　107
三、创新挑战　　108

附录一　全球人工智能创新指数各国概况　　109

附录二　全球人工智能创新指数计算方法　　201

第一章
人工智能创新指数指标体系

一、现有评价体系及其共性特征

人工智能评价的量化研究是近年来人工智能科技发展研究的热点，其中指数研究可以通过量化的手段揭示当前人工智能领域研究的现状、趋势及各国在人工智能领域的国际竞争力。为建立人工智能创新指数指标体系概念模型，研究组在调研大量国内外文献的基础上，提炼出现有研究成果的共性点，如表1-1所示。

表 1-1 现有评价体系与共性指标

报告名称	发布机构	所在国家	机构类型	评价维度				
				基础支撑		政府政策	市场应用	科技研发
				数字化程度	基础设施			
人工智能应用进展（AI Adoption Advances）	麦肯锡	美国	咨询公司	√	×	√	×	×
人工智能基准（AI Benchmark）	凯捷咨询	法国	咨询公司	×	√	√	√	√
人工智能指数（AI Index）	斯坦福大学	美国	高校	√	×	√	√	√
人工智能影响指数（AI Impact Index）	普华永道	美国	咨询公司	×	√	×	√	×

续表

报告名称	发布机构	所在国家	机构类型	评价维度				
				基础支撑		政府政策	市场应用	科技研发
				数字化程度	基础设施			
政府人工智能就绪度指数（Government AI Readiness Index）	牛津洞察（Oxford Insights）	英国	咨询公司	√	×	√	√	×
自动化就绪度指数（Automation Readiness Index）	经济学人	英国	媒体	×	√	√	√	×
全球人工智能指数（Global AI Index）	Tortoise	英国	媒体	√	×	√	√	√

通过文献调研可以发现，从国家层面对人工智能的发展情况进行量化评价一般包括4个维度：基础支撑、政府政策、科技研发、市场应用。

① 基础支撑维度。一方面，基础设施是任何领域和行业发展的基础，人工智能也不例外；另一方面，人工智能的应用需要依赖数字化的底层运行支撑框架，支撑框架数字化程度越高，人工智能应用的成本越低，效率越高。因此，基础设施及生产设施体系的数字化程度会对人工智能的落地效果产生较大影响。

② 政府政策维度。人工智能的技术研发与应用是一项系统工程，需要依靠大量研究资金的投入和国家战略规划的指引。特别是人工智能与传统行业的融合，目前尚处在起步阶段。政府的资金支持、政策支持将为人工智能的技术研发和产业发展提供有利的制度环境。

③ 科技研发维度。理论创新和技术突破是每一项新技术生存与发展的生命线。人工智能领域的科技研发，不仅对人工智能的理论、技术和应用起支撑和引领作用，还影响一个国家人工智能话语权的决定性因素。

④ 市场应用维度。历次工业革命的经验证明，新技术的创新发展总是与其自身的应用可行性和收益性密切相关。市场应用前景既是驱动人工智能创新的引擎，也是检验人工智能技术价值的标准。

第一章 人工智能创新指数指标体系

二、全球人工智能创新指数体系设计

（一）概念模型

经过60多年的发展演进，特别是在移动互联网、大数据、超级计算、传感网、脑科学、5G等新理论新技术及经济社会发展强烈需求的共同驱动下，当前人工智能正在进入加速发展的新阶段，呈现出深度学习、跨界融合、人机协同、群智开放、自主操控等新特征。人工智能技术正加速向生产、分配、交换、消费等经济活动的各个环节广泛渗透，催生新产品、新产业、新业态和新模式，在教育、医疗、城市治理等领域广泛应用，为提高公共服务智能化、精准化水平带来了重大契机。

创新是指将原始生产要素重新排列组合为新的生产方式，以提高效率、降低成本的经济过程。国家创新体系理论认为创新一般包括两个重要组成部分：创新投入和创新产出。全球人工智能创新指数旨在通过量化与人工智能相关的创新投入与创新产出，从全球视野、国家层面理解人工智能创新活动及态势。

本报告立足新一代人工智能技术的发展特征，结合国家创新体系理论，从创新投入和创新产出两大维度构建人工智能创新树模型（图1-1），对国家人工智能创新水平进行综合分析。其中，创新投入包括人工智能基础支撑和人工智能创新资源与环境，体现一国发展人工智能所具备的基础条件和关键资源；创新产出包括人工智能科技研发和人工智能产业与应用，体现一国在人工智能领域的技术优势和产业竞争力。

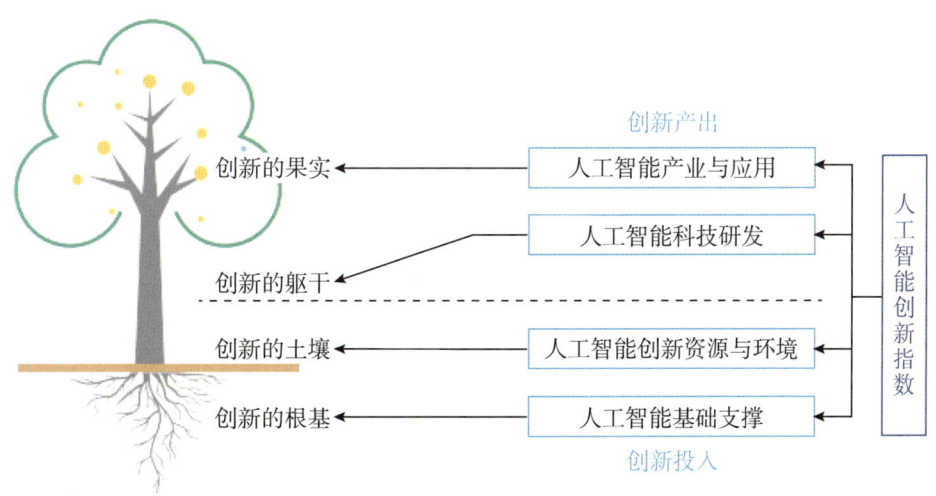

图1-1 人工智能创新树模型

人工智能基础支撑主要是指人工智能发展的计算基础和网络基础。现阶段，数据驱动的人工智能的发展对计算能力和网络传输能力的要求不断提高，网络、大数据和高能效计算等智能化基础设施是人工智能创新发展的必要根基。

人工智能创新资源与环境主要包括相关人才、教育、公共资金投入及创新制度。创新资源与环境是孕育人工智能创新树发展的土壤，只有高品质的创新资源与环境才能让人工智能创新树有持续的生长动力，源源不断地增强自身研发实力，为理论和技术的应用转化创造可能。

人工智能科技研发主要体现在人工智能学术论文和专利的数量、质量等方面。人工智能细分领域众多，持续性的理论探索和技术突破是产业创新和民生应用的重要前提。

人工智能产业与应用是人工智能创新发展成果的具体体现。人工智能发展的基本目的就是通过产业发展和实际应用造福人类社会。

（二）设计特点

充分借鉴已有评价体系。当前已有一些知名的学术组织和智库通过设计指标的方式对人工智能领域的创新活动进行相关评价，具有一定借鉴作用，有助于构建设计科学、结构合理、客观全面的全球人工智能创新评价体系。

纳入多维度评价指标。与已有相关研究相比，本报告创新性地引入了人工智能创新树的概念，从创新的根基、土壤、躯干和果实4个维度出发，尽可能详尽地纳入反映人工智能创新水平的多种评价指标。

广泛采集事实型数据。在数据源的选择上坚持权威性、稳定性、公开透明性3个原则，全部选取国际权威组织和机构（如联合国、世界银行、经济合作与发展组织等）发布的数据。

科学计算指标评价结果。报告基于因素分析法，从一级指标入手，逐层分解形成二级指标，同时考虑数据的可获得性、可操作性及稳定性，构建三级指标。基于指标体系，综合使用德尔菲法和层次分析法确定各级指标权重。通过在上下限值之间进行线性化，对得分进行标准化处理。最终将标准化的分值加权汇总，计算出各国的指数得分。

第一章 人工智能创新指数指标体系

（三）指标体系

全球人工智能创新指标体系确定了 4 个一级指标，分别为人工智能基础支撑、人工智能创新资源与环境、人工智能科技研发及人工智能产业与应用，一级指标下分为 10 个二级指标和 29 个三级指标。

由于新数据的出现及对人工智能理解的加深，在前两年的研究基础上，2021 年在保持指标体系整体框架不变的情况下对部分指标进行了调整。相比 2020 年指标体系，2021 年将原三级指标"5G 订阅率"更新为"5G 建设水平"，将"人工智能从业人员人口参与率"三级指标从人工智能创新资源与环境调整至人工智能产业与应用，而原先属于人工智能产业与应用的"人工智能开源代码贡献量"和"人工智能高收藏量开源代码占比"这两个三级指标则被调整至人工智能创新资源与环境中。人工智能产业与应用下的"智慧城市指数"和"电子政务发展指数"则被替换为"集成电路盈利水平"（表 1-2）。

表 1-2 人工智能创新指数指标体系

一级指标	二级指标	三级指标
人工智能基础支撑	人工智能计算基础	数据中心保有率
		全球 TOP500 超算中心占比
		人均发电量
	人工智能网络基础	移动蜂窝电话订阅率
		互联网使用率
		固定宽带订阅率
		5G 建设水平
人工智能创新资源与环境	人工智能人才	人工智能顶级学者人口参与率
		人工智能开源代码贡献量
		人工智能高收藏量开源代码占比
	人工智能教育	高水平人工智能核心专业开设率
		全日制科学和工程博士生占比
		PISA 测试成绩

5

续表

一级指标	二级指标	三级指标
人工智能创新资源与环境	国家研发投入	国家研发投入强度
	人工智能创新制度	国家人工智能发展政策与规划
		国家人工智能社会治理
人工智能科技研发	人工智能学术论文	人均人工智能论文产出量
		人工智能顶级论文量
		人工智能全球TOP100高被引论文占比
	人工智能专利	人均人工智能专利申请量
		人均人工智能专利授权量
		人均5G专利申请量
		人均5G专利授权量
人工智能产业与应用	人工智能产业	人工智能企业数量
		人工智能企业平均融资金额
		人工智能上市企业数量
		人工智能从业人员人口参与率
	人工智能应用	集成电路盈利水平
		物联网TOP500企业占比

（四）参评国家

本次评价的46个国家包含G20成员国、欧盟成员国，以及以色列、新加坡、越南等部分"一带一路"沿线国家。具体参评国家如表1-3所示，共包括10个亚洲国家、29个欧洲国家、5个美洲国家、1个非洲国家及1个大洋洲国家。

表 1-3　全球人工智能创新指数参评国家

序号	国家	序号	国家	序号	国家
1	阿根廷	17	希腊	33	葡萄牙
2	澳大利亚	18	越南	34	罗马尼亚
3	奥地利	19	匈牙利	35	俄罗斯
4	比利时	20	印度	36	沙特阿拉伯
5	巴西	21	印度尼西亚	37	新加坡
6	保加利亚	22	爱尔兰	38	斯洛伐克
7	加拿大	23	以色列	39	斯洛文尼亚
8	中国	24	意大利	40	南非
9	克罗地亚	25	日本	41	西班牙
10	塞浦路斯	26	韩国	42	瑞典
11	捷克	27	拉脱维亚	43	荷兰
12	丹麦	28	立陶宛	44	土耳其
13	爱沙尼亚	29	卢森堡	45	英国
14	芬兰	30	马耳他	46	美国
15	法国	31	墨西哥		
16	德国	32	波兰		

第二章
全球人工智能创新指数评价综合结果

一、总体排名

根据人工智能创新指数总得分的排名（图2-1），美国、中国、韩国分列前3位。美国人工智能综合实力全球第一，领先第二位约9分；中国的人工智能创新指数总得分排名第二；韩国、英国、新加坡得分相近。排名前十的国家还有加拿大、德国、日本、法国、澳大利亚。印度、俄罗斯、斯洛文尼亚、土耳其等国家处在中等水平，越南、阿根廷、墨西哥、印度尼西亚等国排名靠后。

从参评国家近三年的排名变化看（图2-2），当前全球人工智能竞争格局整体处于动态调整阶段。美国人工智能创新指数已连续3年保持全球第一，中国2021年继续保持全球第二，英国、韩国、法国、加拿大、日本、德国等国家之间呈现你追我赶的竞争态势，土耳其、印度等国家的上升趋势较为明显。

第二章 全球人工智能创新指数评价综合结果

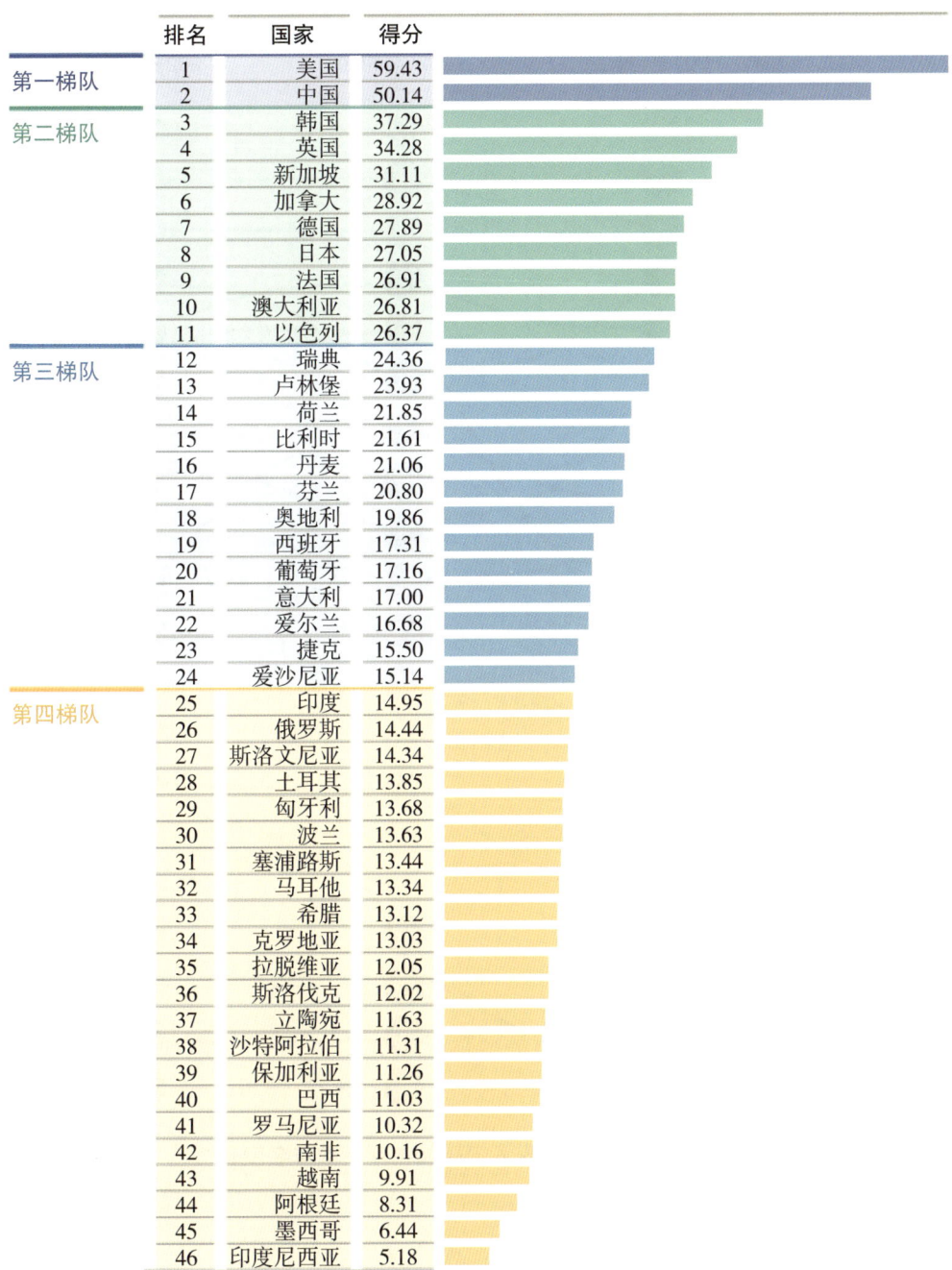

图 2-1 各国人工智能创新指数得分与排名

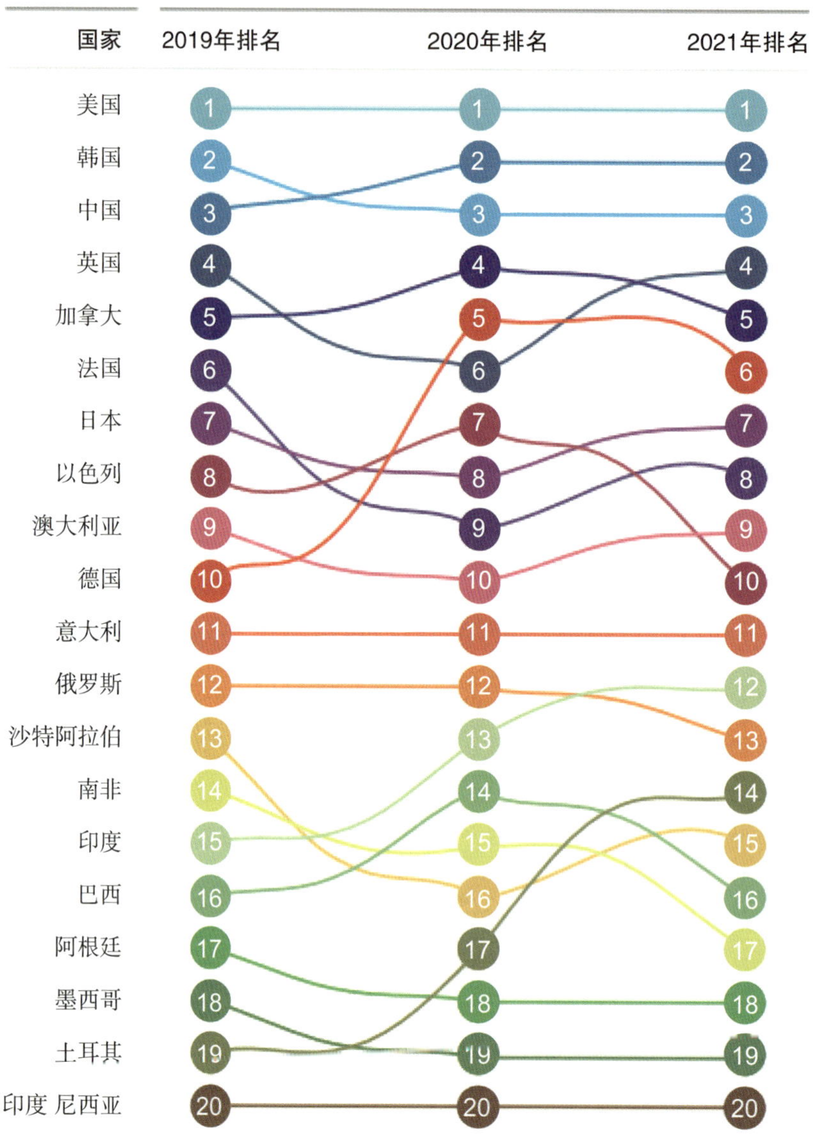

图 2-2 部分参评国家人工智能创新指数排名变化①

---

① 2019 年参评国家为 20 个，2020 和 2021 年将参评国家增至 46 个。为便于比较，此处是将 2019 年的 20 个参评国家进行单独排名后的结果。

二、四大梯队

按照人工智能创新指数得分，采用梯级极差的划分方式，将46个参评国家分为4个梯队：第一梯队国家得分为50分以上，仅有美国和中国进入。第二梯队国家得分25～50分，包含韩国、英国、新加坡、加拿大、德国、日本、法国、澳大利亚、以色列共9个国家。第三梯队国家得分15～25分，包含瑞典、卢森堡、荷兰、比利时、丹麦、芬兰、奥地利、西班牙、葡萄牙、意大利、爱尔兰、捷克、爱沙尼亚共13个国家。第四梯队国家得分为15分以下，包含印度、俄罗斯、斯洛文尼亚、土耳其、匈牙利、波兰、塞浦路斯、马耳他、希腊、克罗地亚、拉脱维亚、斯洛伐克、立陶宛、沙特阿拉伯、保加利亚、巴西、罗马尼亚、南非、越南、阿根廷、墨西哥和印度尼西亚共22个国家。

（一）第一梯队：中美遥遥领先

在46个参评国家中，仅有美国和中国的人工智能创新指数总得分高于50分，总分遥遥领先，也仅有中美两国在4个一级指标上均排名前五。美国的人工智能创新指数总得分已连续3年位居全球第一，中国总排名与2020年一致，仍位居全球第二。第一梯队国家人工智能创新指数得分如图2-3所示。

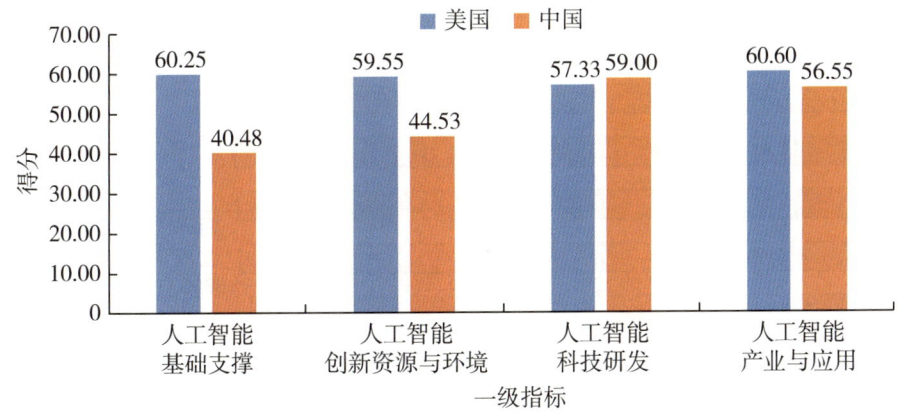

图2-3 第一梯队国家人工智能创新指数得分

美国以59.43的总分领先全球。具体来看，美国在基础支撑、创新资源与环境、科技研发和产业与应用4个方面均具有明显优势，除科技研发位列第二之外，其余 3 个一级指标得分均位列第一。

中国首次进入第一梯队，与第 3 名拉开较大差距。中国各方面发展均衡，基础支撑、创新资源与环境、科技研发和产业与应用 4 个一级指标均排名前五。尤其是在科技研发上，得分略高于美国，位列第一。其他 3 个方面与美国还存在一定差距，尤其是在基础支撑方面。

（二）第二梯队：各具创新优势

1. 总体情况

第二梯队国家总分差距不大，排在第二梯队首位的韩国与排在第二梯队末位的以色列仅相差约 10 分，约为中美之间的分差。各国普遍在创新资源与环境、基础支撑两个方面表现较好，两个指标的平均得分分别为 41.5 分和 36.8 分，高于另外两个一级指标的平均得分。第二梯队国家的主要差异集中在科技研发方面，最高分与最低分相差 43.63 分。第二梯队国家的各一级指标得分情况如图 2-4 所示。

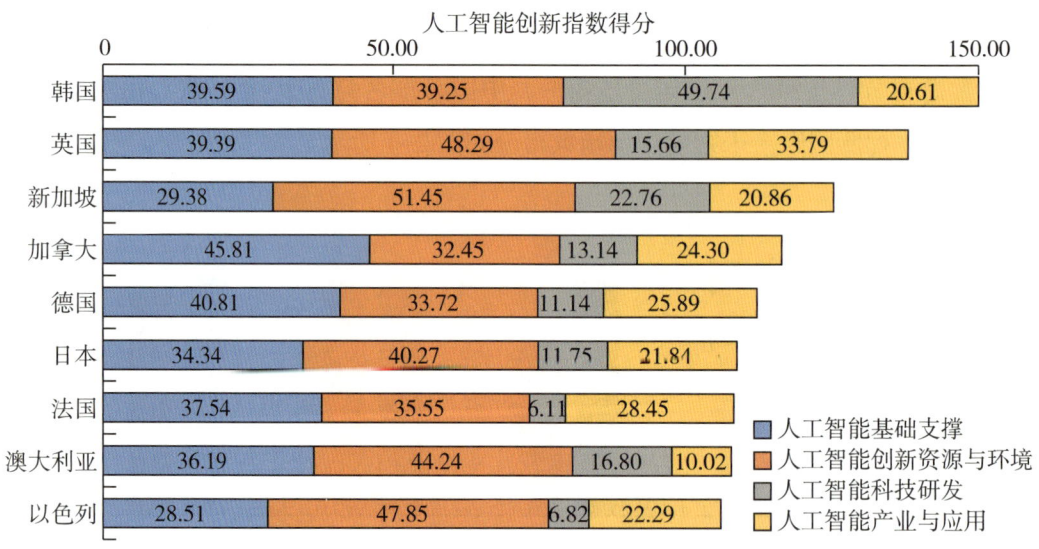

图 2-4　第二梯队国家人工智能创新指数得分

第二梯队国家具备各自的发展特色，基本都拥有优势指标，且均没有明显的劣势指标①（表 2-1）。例如，英国拥有丰富的人才和教育资源，人工智能顶级学者人

---

① 排名前五的指标项为优势指标，排在 40 名及之后的指标项为劣势指标。

口参与率排名第4位，高水平人工智能核心专业开设率排名第3位；韩国技术创新产出较多，人均人工智能专利授权量位居第一；德国算力基础设施建设较好，数据中心保有率和全球TOP500超算中心数量占比均排名前五。

表2-1 第二梯队国家的优劣势指标

国家	人工智能基础支撑	人工智能创新资源与环境	人工智能科技研发	人工智能产业与应用
韩国	6	8	3	10
英国	7	3	7	3
新加坡	21	2	4	9
加拿大	2	17	9	6
德国	4	15	12	5
日本	12	6	11	8
法国	8	12	23	4
澳大利亚	10	5	6	17
以色列	26	4	22	7

注：数值代表指标排名，绿色底纹为优势指标。

2. 国别情况

为更好地反映第二梯队国家的特点，下面选取韩国、英国、新加坡3个国家进行概述。

（1）韩国

韩国的强项是科技研发，产业与应用水平有待提高（图2-5）。科技研发方面，韩国一级指标排名第3位，专利表现尤为突出，人均人工智能专利申请量和授权量分别排名第2位和第1位。产业与应用的产业方面，除了人工智能企业平均融资金额和人工智能上市企业数量排名较好外（排名第10位和第9位），其他各三级指标排名均处在15~30位，表现一般。

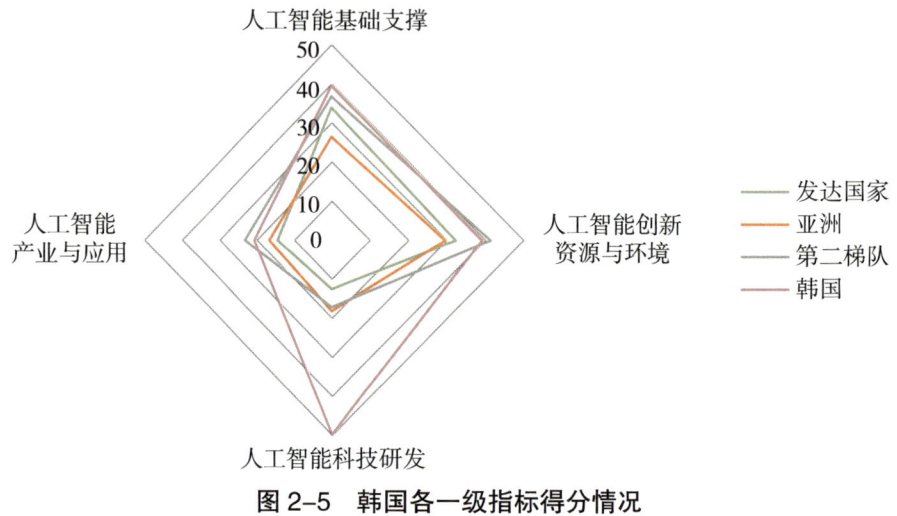

图 2-5　韩国各一级指标得分情况

（2）英国

英国在科技研发上存在一定发展短板（图 2-6）。其中，英国学术论文方面排名第 6 位，优势是论文质量较高，其人工智能顶级论文量排名第 3 位，人工智能全球 TOP100 高被引论文占比排名第 5 位，但人均人工智能论文产出量排名第 15 位，反映出学术论文总量相对欠缺；专利方面排名第 16 位，人均人工智能专利申请量和授权量、人均 5G 专利申请量和授权量与其他综合实力较强的国家相比，尚有一定差距。

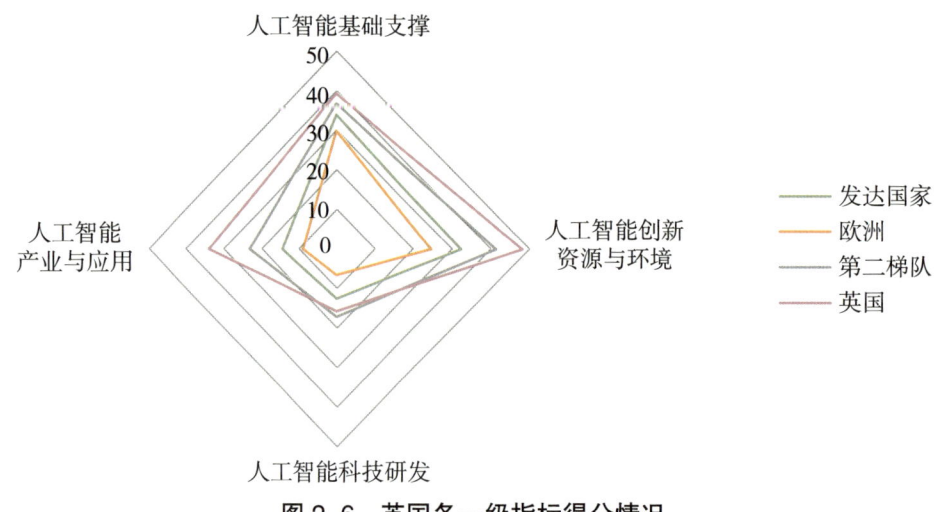

图 2-6　英国各一级指标得分情况

（3）新加坡

新加坡的创新指数得分排名从 2020 年的第 7 名上升至 2021 年的第 5 名。和所处组别的平均水平相比，新加坡在科技研发、创新资源与环境方面领先，基础支撑、产业与应用方面还处于追赶地位，尤其是基础支撑能力不足（图 2-7）。新加坡的计算基础和网络基础分别排名第 14 位和第 33 位，其中固定宽带订阅率和互联网使用率均处于中下游水平。

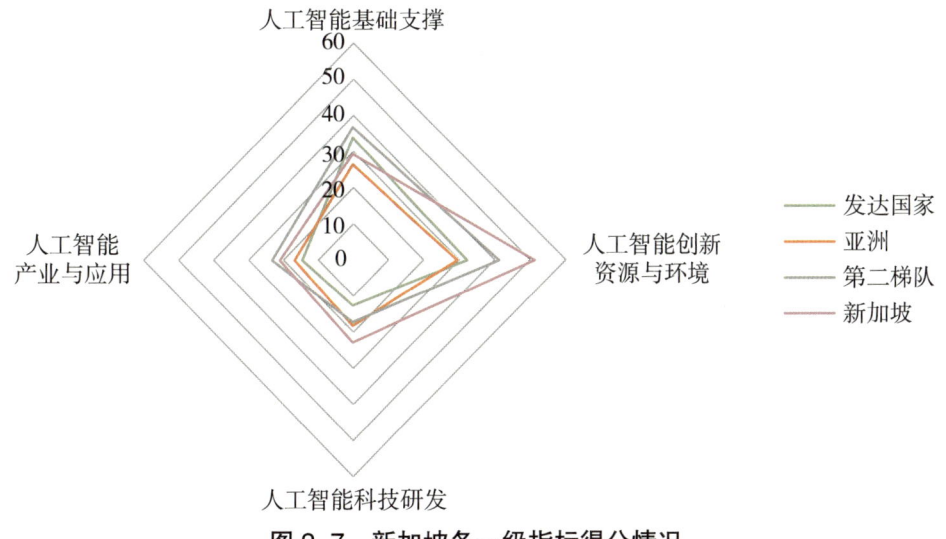

图 2-7　新加坡各一级指标得分情况

（三）第三梯队：创新产出不足

1. 总体情况

第三梯队国家普遍存在的问题是，拥有良好的创新基础，但尚未转化成技术创新和产业发展成果。大部分国家在投入指标上的表现显著优于产出指标。与第二梯队相比，第三梯队国家在产出方面也更为落后，科技研发、产业与应用两个一级指标的平均分均不到第二梯队的一半（图 2-8）。

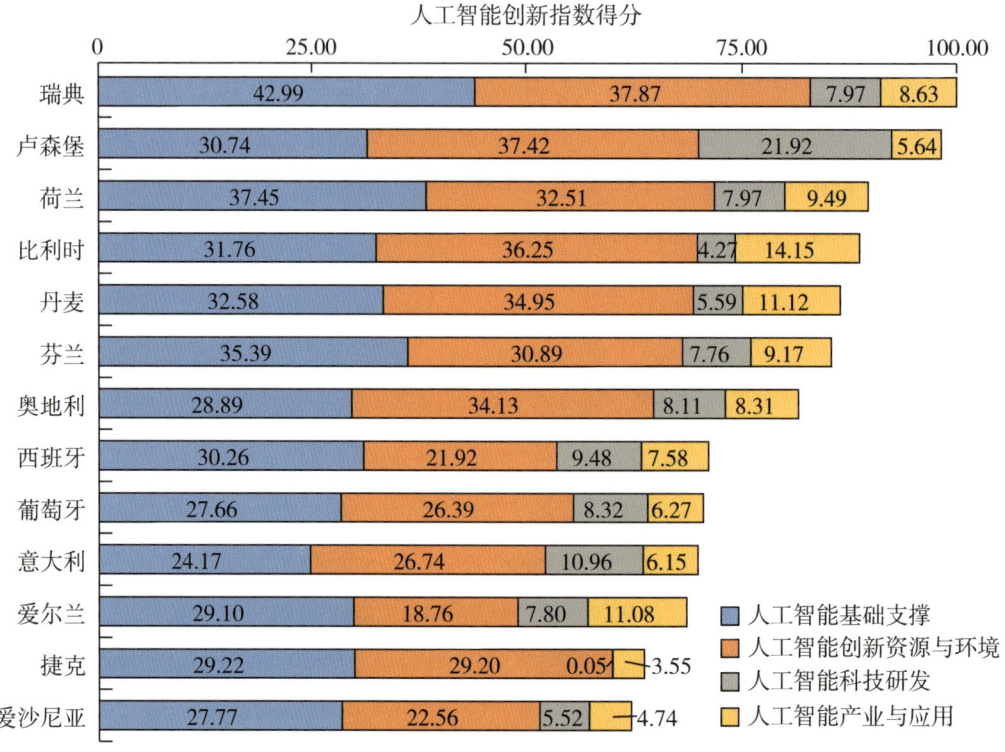

图 2-8 第三梯队国家人工智能创新指数得分

从优劣势指标项看（表 2-2），第三梯队大部分国家发展平平，仅有瑞典和卢森堡拥有优势指标，1 个国家有劣势指标，其他 10 个国家没有明显的优劣项。

表 2-2 第三梯队国家的优劣势指标

国家	人工智能基础支撑	人工智能创新资源与环境	人工智能科技研发	人工智能产业与应用
瑞典	3	9	18	22
卢森堡	17	10	5	29
荷兰	9	16	17	19
比利时	15	11	31	12
丹麦	13	13	24	14
芬兰	11	18	20	20
奥地利	25	14	16	23
西班牙	18	24	14	24

续表

国家	人工智能基础支撑	人工智能创新资源与环境	人工智能科技研发	人工智能产业与应用
葡萄牙	28	21	15	26
意大利	35	20	13	28
爱尔兰	24	28	19	15
捷克	23	19	46	33
爱沙尼亚	27	23	26	31

注：绿色底纹为优势指标，橙色底纹为劣势指标。

2. 国别情况

为更好地反映第三梯队国家的特点，以下选取瑞典、卢森堡等代表性国家进行概述。

（1）瑞典

瑞典的基础支撑、创新资源与环境较好，但产业与应用和科技研发方面发展不足，科技研发水平略低于第三梯队的平均水平（图2-9）。具体来看，基础支撑一级指标排名第3位，计算基础和网络基础二级指标分别排名第4位和第6位，其中人均发电量、互联网使用率等三级指标表现较好。产业与应用排名第22位，大部分指标都处于中等水平。

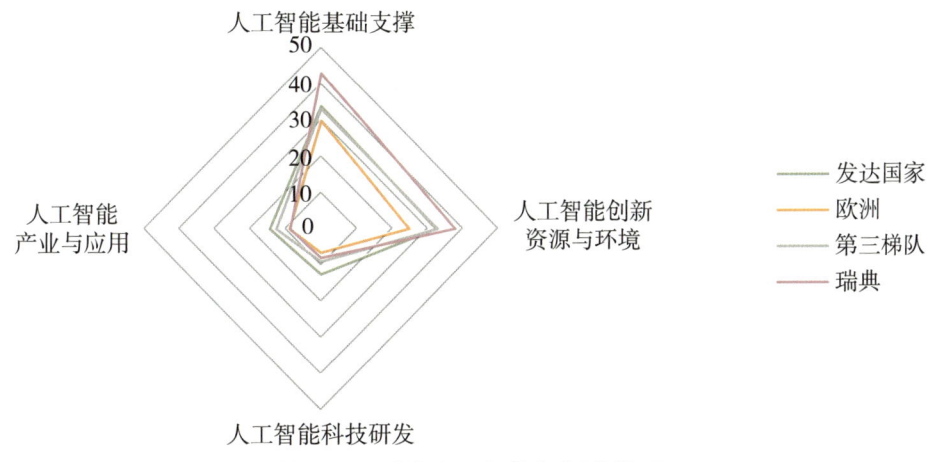

图 2-9 瑞典各一级指标得分情况

（2）卢森堡

与所处组别的平均水平相比，卢森堡在创新资源与环境、科技研发方面有一定优势，尤其是在科技研发方面领先优势明显，但受制于较小的国内市场，产业与应用较为落后（图2-10）。具体来看，科技研发一级指标排名第5位，其中人均人工智能论文产出量、人均人工智能专利授权量等指标表现较好。产业与应用一级指标排名第29位，人工智能企业数量仅排在第43位。

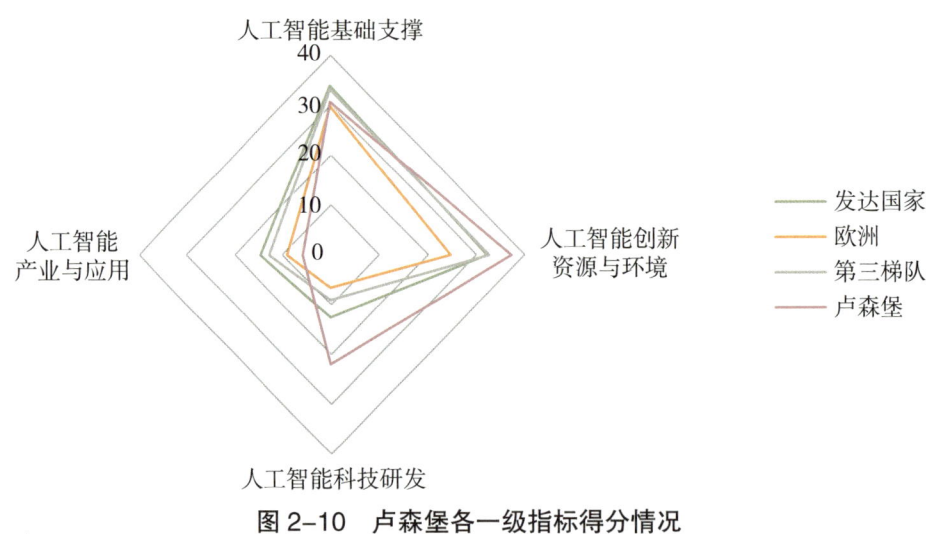

图 2-10　卢森堡各一级指标得分情况

（四）第四梯队：普遍发展落后

1. 总体情况

第四梯队国家人工智能发展普遍比较落后，4个一级指标的平均得分均明显低于第三梯队（图2-11）。值得注意的是，个别国家虽然创新基础仍然较为薄弱，但在科技研发、产业与应用等产出层面已有很大进展。例如，印度创新指数排名第25位，但人工智能科研产出和产业发展均有突出表现，全球TOP100高被引论文占比、企业数量等指标均排名前五；土耳其的全球TOP100高被引论文有8篇，超过了韩国、澳大利亚等国家；巴西创新指数排名倒数，但人工智能企业数量与日本、新加坡等发达国家差距不大，排名第11位。

第二章 全球人工智能创新指数评价综合结果

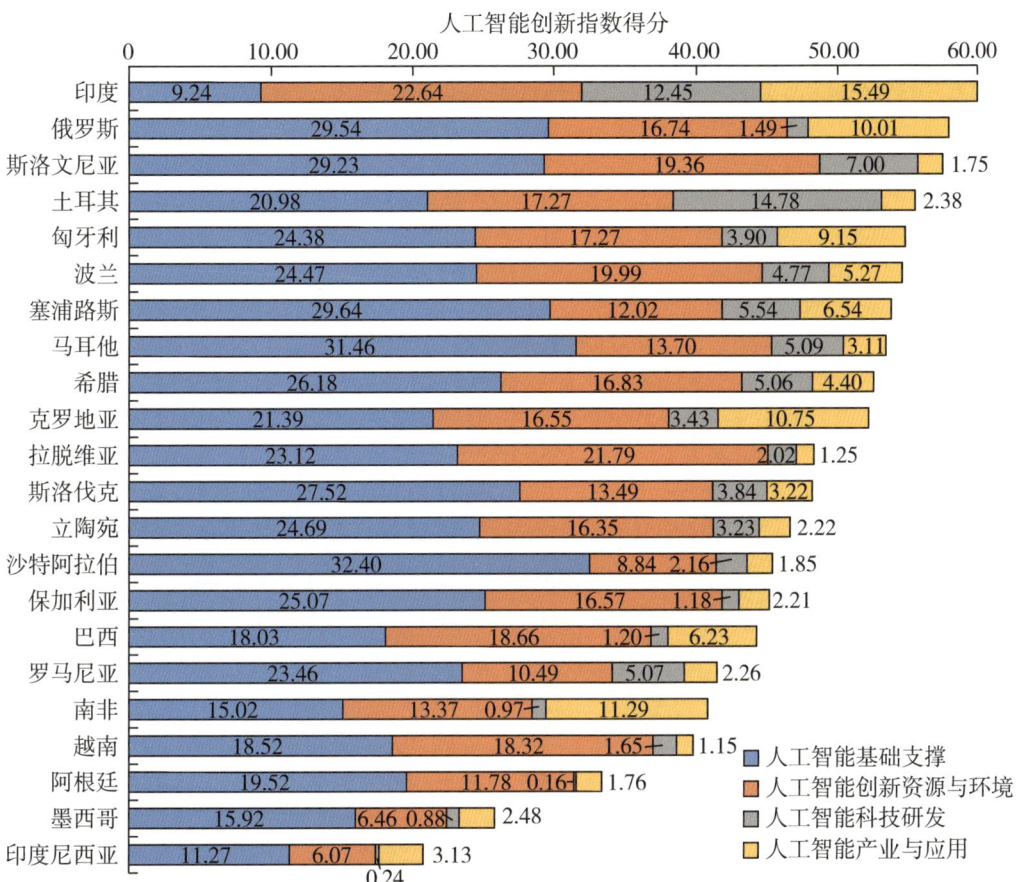

图 2-11 第四梯队国家人工智能创新指数得分

从优劣势指标项看，第四梯队国家均无优势指标，仅俄罗斯、土耳其、匈牙利、波兰、马耳他、希腊、克罗地亚和斯洛伐克 8 个国家没有劣势指标，阿根廷劣势指标数量最多（表 2-3）。

表 2-3 第四梯队国家的优劣势指标

国家	人工智能基础支撑	人工智能创新资源与环境	人工智能科技研发	人工智能产业与应用
印度	46	22	10	11
俄罗斯	20	34	39	18
斯洛文尼亚	22	27	21	44
土耳其	39	32	8	38

19

续表

国家	人工智能基础支撑	人工智能创新资源与环境	人工智能科技研发	人工智能产业与应用
匈牙利	34	31	32	21
波兰	33	26	30	30
塞浦路斯	19	41	25	25
马耳他	16	38	27	36
希腊	30	33	29	32
克罗地亚	38	36	34	16
拉脱维亚	37	25	37	45
斯洛伐克	29	39	33	34
立陶宛	32	37	35	40
沙特阿拉伯	14	44	36	42
保加利亚	31	35	41	41
巴西	42	29	40	27
罗马尼亚	36	43	28	39
南非	44	40	42	13
越南	41	30	38	46
阿根廷	40	42	45	43
墨西哥	43	45	43	37
印度尼西亚	45	46	44	35

注：橙色底纹为劣势指标。

2. 国别情况

为更好地反映第四梯队国家的特点，下面选取印度和俄罗斯两个代表性国家进行概述。

（1）印度

印度在本次排名位列第25位，处于中等水平。印度的4个一级指标得分均低于亚洲国家的平均水平。与发展中国家和第四梯队国家的平均水平相比，印度的基础支撑较为落后，在其他3个方面具有一定优势（图2-12）。

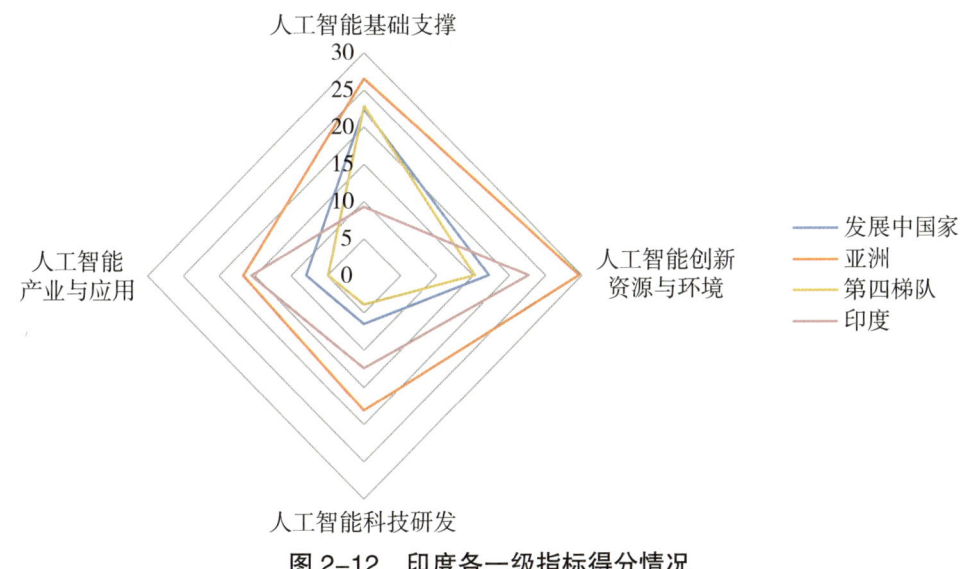

图2-12　印度各一级指标得分情况

（2）俄罗斯

俄罗斯在科技研发和创新资源与环境方面的短板较为明显，科技研发得分甚至低于第四梯队国家的平均水平（图2-13）。具体来看，俄罗斯的创新资源与环境和科技研发一级指标排名分别为第34位、第39位，其中大多数三级指标都排在30位之后。基础支撑和产业与应用水平处于中等，一级指标排名分别为第20位和第18位，其中移动蜂窝电话订阅率、物联网TOP500企业占比等三级指标排名比较靠前。

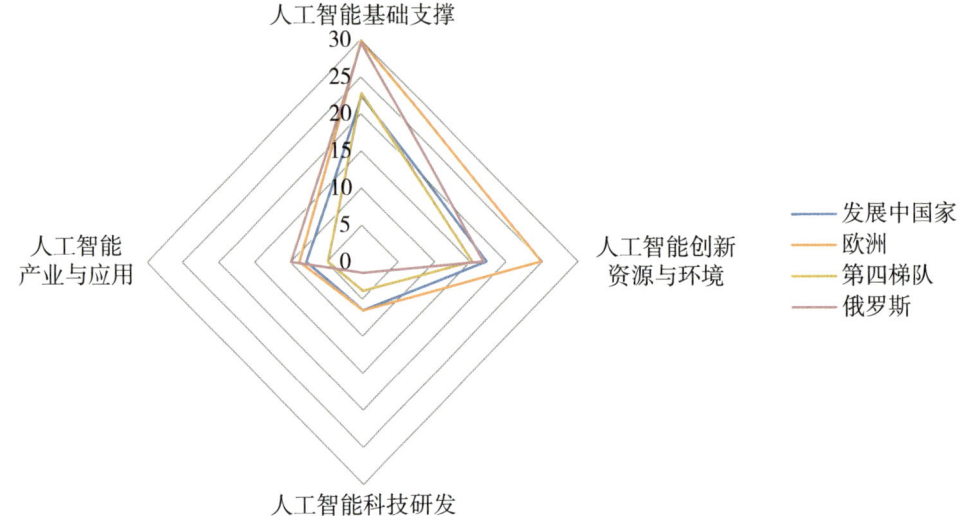

图 2-13　俄罗斯各一级指标得分情况

第三章
人工智能基础支撑

自 2006 年起，人工智能进入重视数据、自主学习的认知智能时代。计算能力和网络环境成为人工智能发展必不可少的基础支撑条件。本章从人工智能计算基础和人工智能网络基础两个层面对各国人工智能基础支撑条件进行评价分析。

一、人工智能基础支撑总体情况

人工智能基础支撑包含了人工智能计算基础和人工智能网络基础两个二级指标。其中，人工智能计算基础由数据中心保有率、全球 TOP500 超算中心占比和人均发电量 3 个三级指标构成；人工智能网络基础由移动蜂窝电话订阅率、互联网使用率、固定宽带订阅率和 5G 建设水平 4 个三级指标构成。各参评国人工智能基础支撑各级指标得分情况，如图 3-1 所示。

参评国家人工智能基础支撑整体发展较好。60% 以上的国家（31 个）得分高于 25 分；部分国家发展水平较为领先，如美国得分已超过 60 分，加拿大、瑞典、德国和中国 4 个国家得分为 40～50 分。

从国别差异看，各国在人工智能计算基础上的差距明显高于人工智能网络基础。同时，不少国家的计算基础和网络基础存在发展失衡的问题。46 个国家中，约一半的国家人工智能计算基础排名和人工智能网络基础排名差距较大，其中有 3 个国家（卢森堡、马耳他、塞浦路斯）排名差甚至超过 30 名。中国虽然排名差未达到 30 名，但是人工智能计算基础以 38.82 分排名第 3 位，而人工智能网络基础却以 42.14 的得分排名第 31 位，相差 28 位。

国家	人工智能基础支撑	人工智能计算基础			人工智能网络基础			
		数据中心保有率	全球TOP 500超算中心占比	人均发电量	移动蜂窝电话订阅率	互联网使用率	固定宽带订阅率	5G建设水平
美国	60.25	100.00	48.80	63.30	33.78	81.81	72.83	10.75
加拿大	45.81	36.36	4.40	85.32	18.25	87.14	83.60	9.35
瑞典	42.99	12.19	1.20	83.44	31.33	92.20	81.22	10.07
德国	40.81	46.68	9.20	30.78	31.32	85.45	86.03	8.11
中国	40.48	17.97	75.20	23.29	27.14	58.06	67.19	16.15
韩国	39.59	4.13	2.00	53.71	35.01	95.01	87.11	19.79
英国	39.39	56.39	4.40	19.11	26.55	92.60	80.99	8.45
法国	37.54	32.43	6.40	37.15	24.58	72.14	93.84	8.45
荷兰	37.45	23.96	6.40	32.41	29.99	87.62	87.83	10.45
澳大利亚	36.19	25.82	0.80	50.13	23.07	80.79	70.10	13.21
芬兰	35.39	4.75	0.80	60.19	31.40	88.81	66.63	8.62
日本	34.34	10.12	13.60	36.43	40.81	77.99	69.00	6.74
丹麦	32.58	7.02	0.00	20.36	29.34	95.07	88.80	10.94
沙特阿拉伯	32.40	4.54	2.40	47.10	29.65	96.95	45.33	15.23
比利时	31.76	7.44	0.00	35.97	19.79	87.89	81.70	6.81
马耳他	31.46	1.65	0.00	20.51	37.36	81.23	96.67	6.91
卢森堡	30.74	3.10	0.80	14.27	36.87	98.32	75.13	11.40
西班牙	30.26	13.84	0.40	23.54	27.61	90.29	67.80	6.02
塞浦路斯	29.64	3.31	0.00	16.14	35.44	86.86	74.79	14.13
俄罗斯	29.54	12.19	1.20	33.90	45.44	78.56	46.42	2.83
新加坡	29.38	7.85	1.60	42.86	37.62	65.54	51.88	10.25
斯洛文尼亚	29.23	1.65	0.80	37.98	29.08	80.86	62.69	7.31
捷克	29.22	5.16	0.80	34.84	28.55	73.34	71.02	6.41
爱尔兰	29.10	5.37	5.60	29.77	22.40	88.57	61.41	6.12
奥地利	28.89	5.16	0.40	36.90	27.44	82.18	57.87	7.01
以色列	28.51	2.07	0.00	40.62	32.68	73.69	60.13	4.72
爱沙尼亚	27.77	2.27	0.00	20.00	38.07	84.37	62.66	7.35
葡萄牙	27.66	6.20	0.00	22.58	26.51	68.95	81.61	5.85
斯洛伐克	27.52	2.89	0.00	22.14	33.41	85.60	62.33	5.47
希腊	26.18	3.51	0.00	16.14	23.80	68.74	81.68	9.04
保加利亚	25.07	5.78	0.40	25.46	25.74	57.37	61.35	13.89
立陶宛	24.69	2.48	0.00	2.82	49.68	75.79	58.54	6.47
波兰	24.47	6.82	1.60	16.66	32.16	81.20	43.40	5.59
匈牙利	24.38	1.86	0.00	13.55	22.78	78.24	67.60	5.88
意大利	24.17	15.91	2.40	19.31	31.47	47.26	59.06	5.41
罗马尼亚	23.46	9.92	0.00	10.02	26.97	69.22	59.10	5.83
拉脱维亚	23.12	3.72	0.00	10.57	23.50	84.14	53.42	4.89
克罗地亚	21.39	1.65	0.00	11.83	22.63	69.03	50.23	11.21
土耳其	20.98	13.22	0.00	14.00	18.95	68.10	39.68	4.77
阿根廷	19.52	2.89	0.00	11.49	28.47	63.28	42.36	2.91
越南	18.52	3.72	0.00	7.53	37.09	57.56	34.31	4.23
巴西	18.03	13.22	2.40	10.20	18.73	53.53	34.20	3.31
墨西哥	15.92	2.69	0.00	7.66	17.38	59.96	32.90	3.35
南非	15.02	5.16	0.00	16.26	44.72	37.39	4.39	5.10
印度尼西亚	11.27	10.54	0.00	0.09	32.02	33.89	7.83	2.26
印度	9.24	34.91	1.20	0.75	13.44	6.36	3.23	1.75

图 3-1　人工智能基础支撑各级指标得分情况（圆形大小：指数得分）

数据中心保有率和全球 TOP500 超算中心占比是各国基础支撑得分差异的主要原因，两个指标均存在"一家独大"的情况。数据中心保有率上，美国以满分的成绩遥遥领先；全球 TOP500 超算中心占比上，中国竞争优势十分明显。

二、人工智能计算基础

人工智能计算基础主要从数据中心、超算中心和发电量这 3 个方面进行考察。人工智能计算基础二级指标排名前十的国家分别是美国、加拿大、中国、瑞典、德国、英国、澳大利亚、法国、芬兰、荷兰。美国（70.70 分）领先优势较为明显，得分比加拿大（42.02 分）和中国（38.82 分）高出约 30 分（图 3-2）。

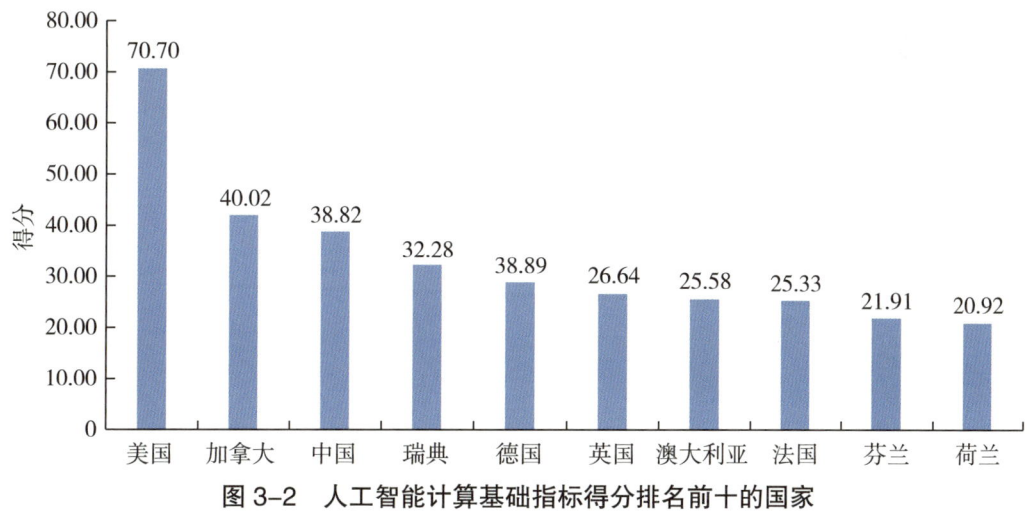

图 3-2 人工智能计算基础指标得分排名前十的国家

（一）数据中心保有率

数据中心保有率是指一个国家拥有的数据中心数量占全球数据中心总量的比例。数据作为人工智能的信息提供者，是人工智能发展的重要基础。海量数据的产生使得信息数据的存储、处理和交互都发生了重大转变。互联网数据中心（Internet Data Center，IDC）（简称"数据中心"）是全球协作的特定设备网络，用来在互联网网络基础设施上传递、加速、展示、计算、存储数据信息。数据中心被认为是当前的新型基础设施之一，成为人工智能的重要计算基础。截至 2021 年 10 月数据中心数量和保有率如图 3-3 所示。

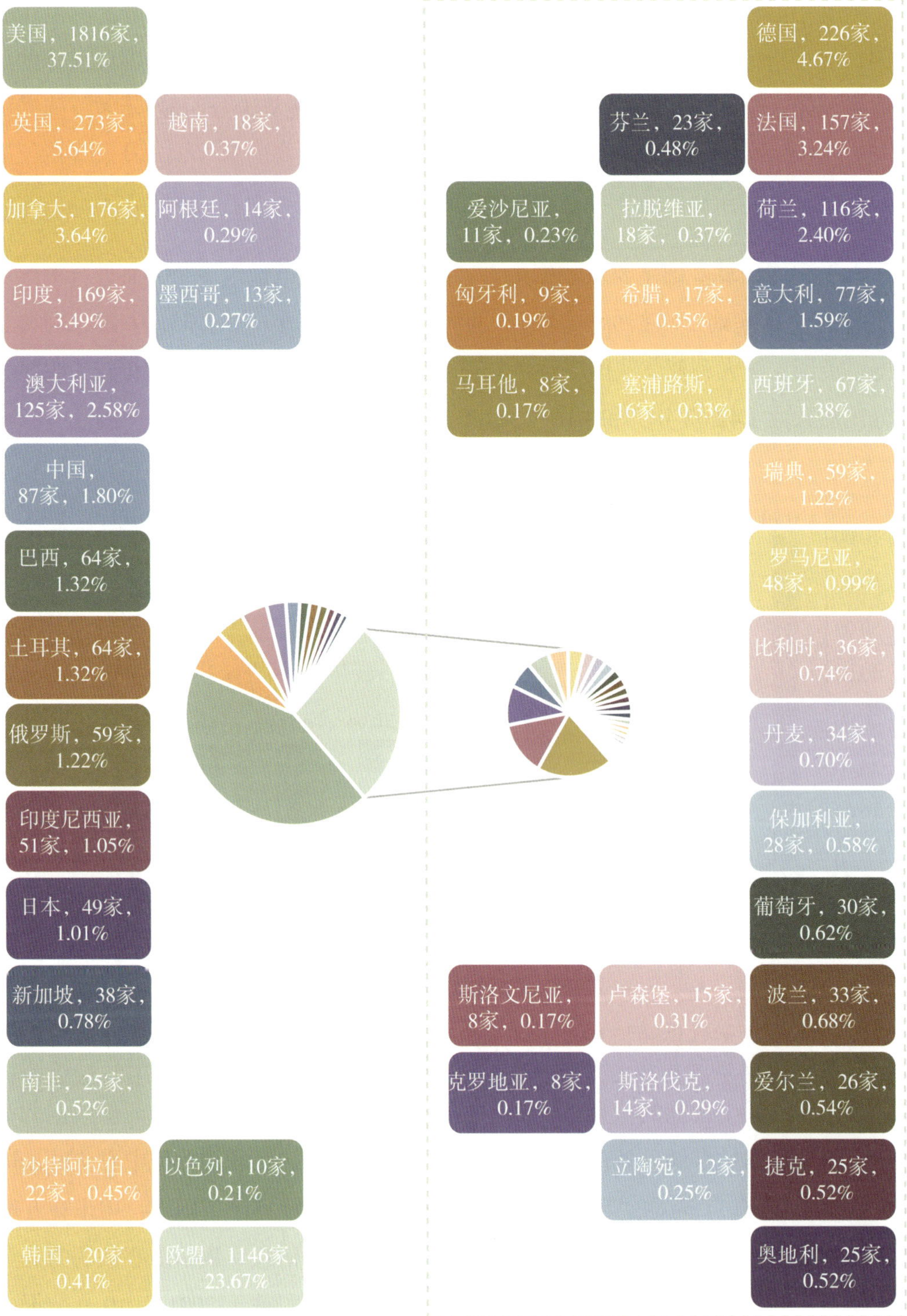

图 3-3　截至 2021 年 10 月数据中心数量和保有率

参评国家数据中心分布不均,主要集中在部分国家和地区。截至 2021 年 10 月,全球共有 4841 家托管型数据中心,本报告统计的参评国家共有 4239 家,其中排名前十的国家共计建设了 3222 家,超过参评国家总数的 76%。排名前十的国家中,以北美洲、欧洲国家为主。当前,世界各国的数据中心建设呈现集群化趋势,而数据中心建设需要大量资金投入,因此,北美洲发达国家和欧洲发达国家凭借着资金优势和合作优势在数据中心建设上表现较好;而发展中国家则有待加大在数据中心建设上的投入。

美国的数据中心保有率远超其他国家。截至 2021 年 10 月,美国共拥有 1816 家数据中心,保有率高达 37.51%。而排名第二的英国仅有 273 家数据中心,保有率约为 5.64%,不足美国的 1/6。德国、加拿大、印度和法国的数据中心数量分别居第 3 位至第 6 位。数据中心保有率居参评国家末位的克罗地亚仅拥有 8 家数据中心,不足美国的 1/200。当前数据中心的架构以 Hadoop、TensorFlow 与 Spark 等为主,而这些架构作为大数据产业发展的底层技术架构当前仍由美国掌控,相应的,美国的数据中心发展全球领先。

中国的数据中心数量还有待发展。中国的托管数据中心数量为 85 个,保有率约为 1.83%,居于参评国家中的第 9 位。近年来,中国重视大数据产业的发展,已在贵州、内蒙古、宁夏银川等地区建设一批数据中心,但和美国、英国、德国、加拿大和法国等国家相比还存在较大差距。

※ 超大规模数据中心

国际数据公司将任何拥有至少 5000 台服务器和 10 000 平方英尺[①]可用空间的数据中心归类为超大规模数据中心(Hyperscale Data Center)。传统的数据中心可以支持数百个物理服务器和数千个虚拟机,但超大规模数据中心能够支持数千个物理服务器和数百万个虚拟机。因此,超大规模数据中心可以凭借超高速度扩展以满足超级需求。

随着数据存储需求每年增长 40%,超大规模数据中心的可扩展性、可自动化和自我修复、能源效率高等优点使其成为当前时代的佼佼者,根据 Linesight 的白皮书

---

① 1 平方英尺 =0.092 903 平方米。

《Hyperactive Hyperscale：数字革命的下一步》报道，超大规模数据中心将在未来两年内占所有数据中心流量的一半以上。

当前全球超大规模数据中心约为 700 家，从图 3-4 中可以看出，美国不仅数据中心数量最多，且全球超大规模数据中心数量仍位居全球第一。虽然中国数据中心数量较少，但是质量较高，超大规模数据中心数量位居全球第二。

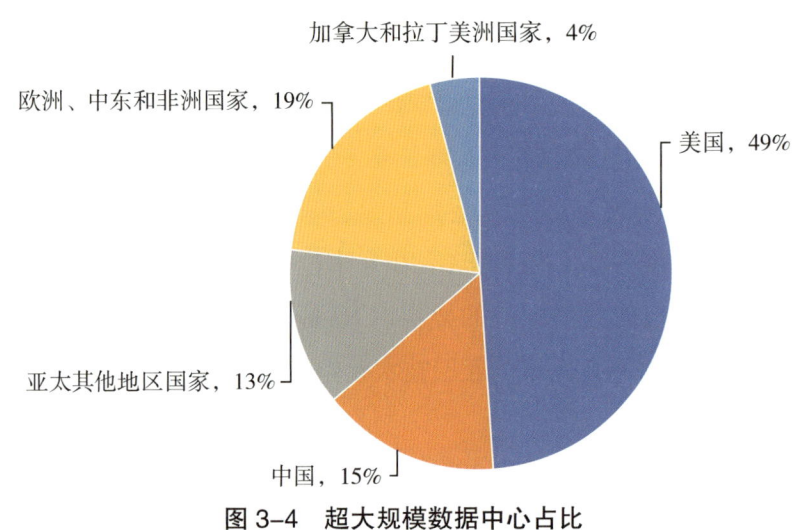

图 3-4　超大规模数据中心占比

（二）全球 TOP500 超算中心占比

全球 TOP500 超算中心占比具体指一个国家进入全球超级计算机 500 强榜单的超算中心数量在该榜单中的占比，500 强榜单由"国际 TOP500 组织"（www.top500.org）发布，统计了全球最强大的商用超级计算机系统。人工智能在实现过程中对数据量和运算速度都有非常高的要求，超算中心可以提供强大的计算能力，支持海量数据的处理和复杂的运算，因此超算中心被认为是一个资源汇聚、技术创新和人员交流的支撑平台，可以提升区域科研水平、增强企业的核心竞争力，被视为人工智能计算基础的重要组成部分。截至 2021 年 10 月参评国家全球 TOP500 超算中心数量和占比如图 3-5 所示。

第三章 人工智能基础支撑

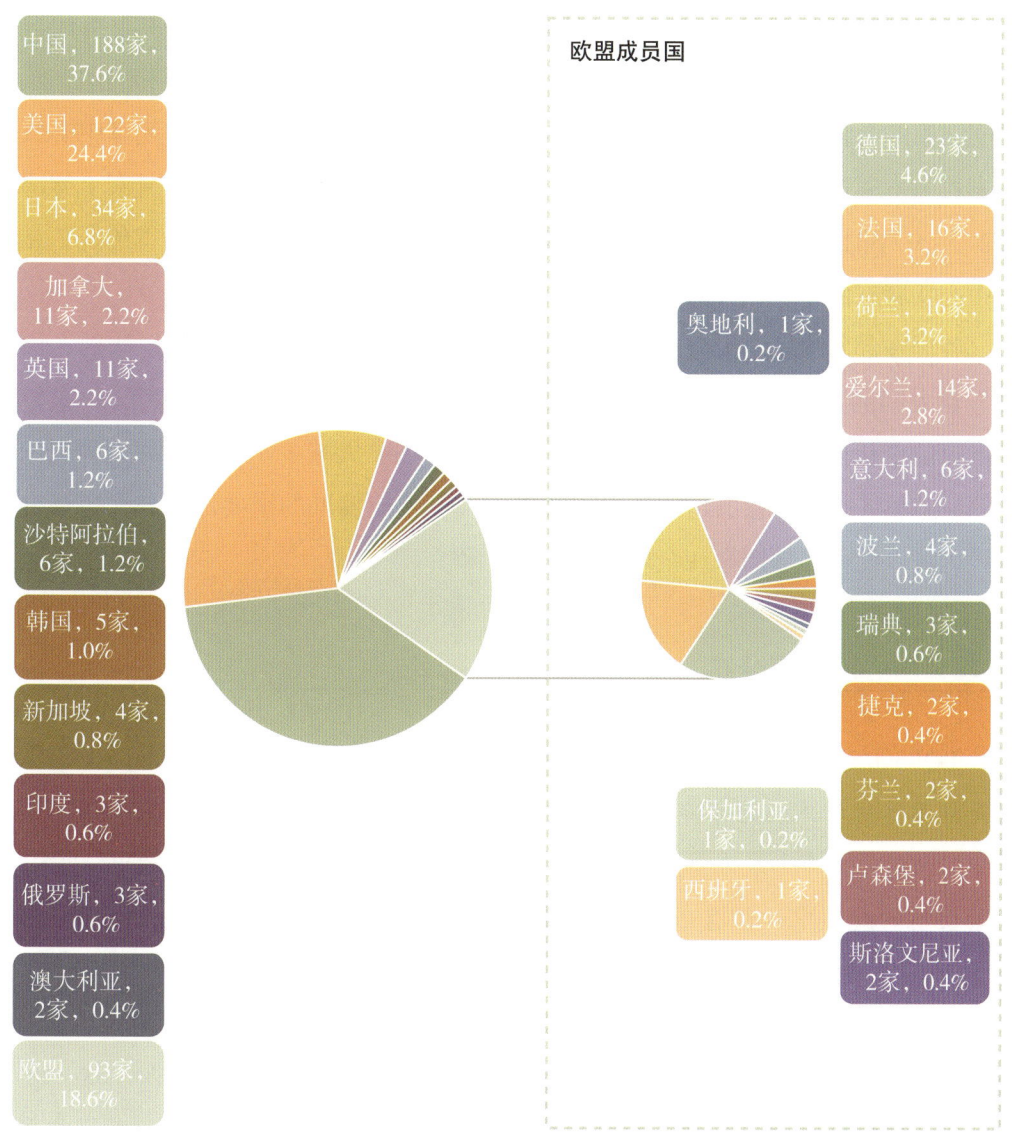

注：全球 TOP500 超算中心占比为 0 的国家未予显示。

图 3-5 截至 2021 年 10 月参评国家全球 TOP500 超算中心数量和占比

中国位居首位，中国和美国的全球 500 强超算中心数量之和超过 60%。中国共有 188 家超算中心进入全球 500 强行列，约占总量的 37.6%，居全球首位；美国共有 122 家超算中心进入全球 500 强行列，约占总量的 24.4%，中国与美国的全球 500 强超算中心数量之和为 310 家，占总量的 62%。

法国、德国、荷兰、爱尔兰、英国和意大利等欧洲国家的超算中心指标得分均处于参评国家中的前 10 位。欧盟以 93 家超算中心数量仅次于中国和美国，欧盟之间国家的合作共享优势大。排名前十的欧盟国家进入全球 500 强的超算中心数量分别仅有 6～23 家，单个国家的占有量不多，但由于都是欧盟成员国家（英国于 2020 年 1 月 31 日正式脱离欧盟），有较深的国家渊源和良好的资源共享传统，在超算中心发展方面存在较大的合作空间。

各国在超算中心建设上的竞争较为激烈。与 2020 年相比，中国、法国、加拿大、意大利的全球 TOP500 超算中心有所减少。中国变化最大，减少了 38 家，其他国家的变化则在 5 家以下，法国减少了 3 家，加拿大减少了 2 家，意大利减少了 1 家。这表明各国皆意识到超算中心对本国人工智能发展的重要性，加大超算中心建设力度，使得部分国家在全球中的占比下降。

※ 超算中心的时序分布

TOP500 列出的是当今可使用的 500 个最快的计算机系统站点，Linpack 基准性能是被用作对计算机进行排名的性能指标，每 6 个月更新一次。排名前十国家的超算中心的时序分布如表 3-1 所示。在当前版本的 TOP500 超算中心统计中，2015 年及其之前的超算中心仅有 26 家，中国天津超算中心的 Tianhe-1A 是 TOP500 中唯一于 2010 年建设的超算中心，并且在排行榜中位列上游、居第 188 位。

当前各个国家的超算中心呈现年轻化，主要是 2018—2021 年建造的超算中心，在这个时间范围内的超算中心数量达到了 424 家，占据了榜单的 85%。这一方面表明人工智能的飞速发展使其对超算中心提出了越来越高的性能要求；另一方面表明当前各个国家都在积极建设性能更强的超算中心，通过积极部署性能更优的超算中心，不断支持超算中心在传统科学领域、新兴高科技产业及现今城市生活中有广泛的应用。当前，E 级（百亿亿次）超算是各国争相占领的制高点，中国暂时在此跑道上处于领先地位，但受到美国在科技领域的制裁，尤其是核心部件芯片的制裁，对我国未来的发展提出了挑战与竞争。

表 3-1　排名前十国家的超算中心的时序分布　　　　　　　　　　单位：家

年份	中国	美国	日本	德国	法国	荷兰	爱尔兰	加拿大	英国	巴西	意大利	沙特阿拉伯	总计
2010	1												1
2011		1											1
2013		2			1								3
2014	1	3							1		1		6
2015		7		2								2	11
2016	1	8	2		2				5				18
2017	8	8	3	2	2		1		2		1		27
2018	48	46	7	4	1	6	12	4	1		1	1	131
2019	76	19	6	3	4	9		4		3			127
2020	44	20	11	6	4			2	1	2		2	93
2021	9	8	5	6	2	1			1	2		1	35
总计	188	122	34	23	16	16	14	11	11	6	6	6	453

（三）人均发电量

人均发电量是指一国发电总量与人口的比值，单位为千瓦时 / 人。人工智能的发展依赖于大量基础设施来进行数据存储、数据计算、数据传输等工作，这些基础设施的日常运转需要消耗大量的电力。人均发电量能在一定程度上反映一个国家的电力供给能力。因此，本报告将人均发电量作为评价人工智能计算基础的指标之一。2020 年参评国家发电总量和人均发电量如图 3-6 所示。

美国的人均发电量和发电总量排名均居前三。2020 年美国发电总量为 4.29 万亿千瓦时，仅次于中国，在参评国家中排名第 2 位，人均发电量达到了 1.30 万千瓦时 / 人，在参评国家中排名第 3 位。美国拥有丰富的风能、太阳能、水资源和化石能源，还是世界上电力净进口排名首位的国家，其强大的电力供给能力为人工智能发展提供了坚实的基础保障。

中国的发电总量遥遥领先于其他参评国家，但人均发电量尚未达到平均水平。2021 年，中国的发电总量约为 7.78 万亿千瓦时，远远超过其他参评国家，约为总量排名第二的美国的 1.8 倍。但由于中国人口基数大，人均发电量仅有 5425.55 千瓦时 / 人，在参评国家中排名第 22 位，低于参评国家的平均水平（6241.845 千瓦时 / 人）。

图 3-6 2020 年参评国家发电总量和人均发电量

立陶宛、印度、印度尼西亚等国家人均发电量低，在参评国家中排名倒数。立陶宛等国家的人均发电量低，主要原因是国家的发电总量低，仅有 42.39 亿千瓦时；印度等国家的人均发电量低，主要原因是国家人口基数大，其发电总量达到了 15 609.28 亿千瓦时，在参评国家中排名第 3 位，但是人均发电量仅有 1142.35 千瓦时/人，在参评国家中排名第 45 位。

※ 电力结构

电力来自一次能源。一次能源按照可否再生，可以分为两大类：

① 非再生能源，指不能重复产生的天然能源，它随人类的利用而越来越少，如化石能源（如煤、石油、天然气）和核燃料（如铀、钍等）。

② 可再生能源，指能够重复产生的天然能源，即不会随它本身的转化或人类的利用而日益减少，如太阳能、水能、风能、地热能、海洋能、生物质能、潮汐能等，这些能源也被称为绿色能源。

可再生能源根据其运行过程中的温室气体排放，可被划分为零排放（风能、太阳能和水能）、低排放（地热）或持平排放（生物质能）。持平排放是指能源的排放量与生长过程中吸收的二氧化碳量相平衡。因此，可再生能源的利用，有助于减少碳排放，实现碳达峰、碳中和目标。2020 年全球及主要国家/地区的可再生能源发电能力如表 3-2 所示。

表 3-2　2020 年全球及主要国家/地区的可再生能源发电能力　　单位：GW

国家和地区	生物发电	地热发电	水力发电	海洋发电	太阳能光伏	光热发电	风力发电
全球	145	14	1170	0.5	760	6.2	743
中国	27	*	339	0	253	0.5	288
美国	14	3	80	0	97	1.7	122
印度	10	0	46	0	47	0.2	39
德国	10	*	6	0	54	0	63
日本	5	1	22	0	71	0	4.4
英国	8	0	1.9	*	14	0	24

注：* 表示是小于 50 MW。

从表中可以看出，2020年可再生能源发电能力（包括生物燃料但不包括水电）增长了2.9 EJ，中国是可再生能源增长的最大贡献者（1.0 EJ），其次是美国（0.4 EJ），然后是日本、英国、印度和德国（均为0.1 EJ）。欧洲作为一个地区，贡献了0.7 EJ。

三、人工智能网络基础

人工智能网络基础主要从移动蜂窝电话订阅率、互联网使用率、固定宽带订阅率和5G建设水平4个方面展开考察。在网络基础方面，韩国以59.23分领先于其他参评国家，丹麦、马耳他、卢森堡、荷兰、瑞典、塞浦路斯、德国这7个欧盟发达国家分别居第2位至第8位（图3-7）。中国在46个参评国家中居第31位，印度则以6.19分居末位。

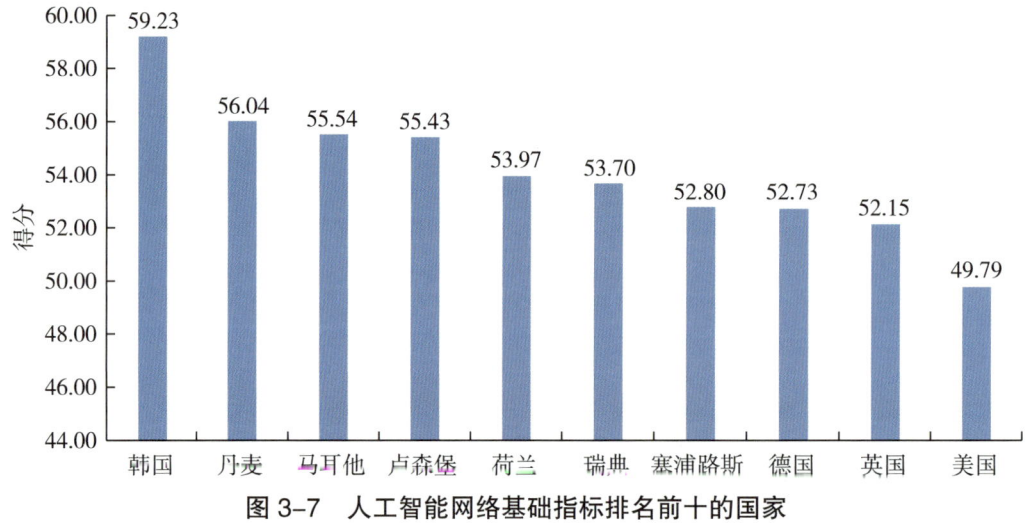

图3-7　人工智能网络基础指标排名前十的国家

（一）移动蜂窝电话订阅率

移动蜂窝电话订阅率是指一个国家的移动蜂窝电话订阅数与总人口的比值。移动蜂窝电话订阅率是衡量一个国家移动网络普及程度及移动终端（如智能手机）普及程度的重要指标。物联网的发展使移动蜂窝通信网不再仅限于移动电话，而是扩展到智能穿戴设备和智能水表、电表、井盖及车载终端等大量应用，涵盖教育、交通、环境监测、医疗保健等各个方面。2020年参评国家移动蜂窝电话订阅率如图3-8所示。

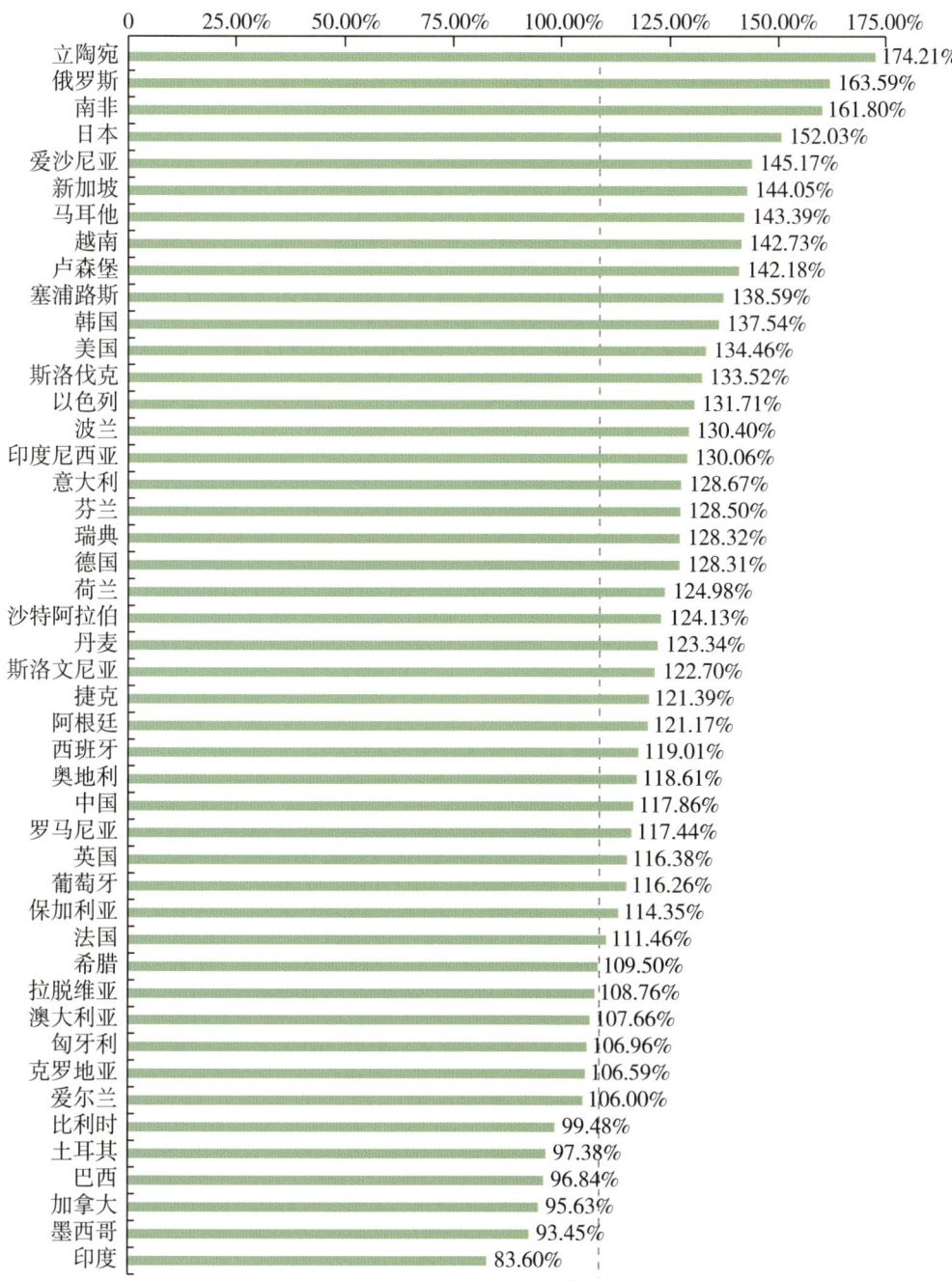

图 3-8 2020 年移动蜂窝电话订阅率

大多数参评国家的移动蜂窝电话订阅率超过 100%。在参评国家中，约 87%（40 个）国家的移动蜂窝电话订阅率超过 100%，其中立陶宛、俄罗斯、南非和日本的移动蜂窝电话订阅率更是超过了 150%，分别为 174.21%、163.59%、161.80%、152.03%。

中国移动蜂窝电话订阅率尚未达到参评国家的平均水平（123.92%），为 117.86%，处于参评国家中的中等偏下位置。根据国际电联公布的数据，2021 年全球移动蜂窝电话订阅率为 109.9%，发达国家的移动蜂窝电话订阅率为 134.8%，发展中国家的移动蜂窝电话订阅率为 105.1%。我国当前的移动蜂窝电话订阅率已超过全球平均水平和发展中国家的平均水平，离发达国家的平均水平还有差距，这也与我国人口基数大有关。

比利时、土耳其、巴西、加拿大、墨西哥和印度的移动蜂窝电话订阅率不足 100%，位列排行榜倒数。上述国家的移动蜂窝电话订阅率分别是 99.48%、97.38%、96.84%、95.63%、93.45% 和 83.60%。排名第一的立陶宛的移动蜂窝电话订阅率约是排名最后的印度的 2 倍，印度也是参评国家中唯一移动蜂窝电话订阅率不足 90% 的国家，具备一定的发展潜力。

（二）互联网使用率

互联网使用率是指一个国家中使用互联网的人数与总人口的比值，是衡量国家总体网络普及程度和网络发展水平的重要指标。互联网及大数据的开发应用将大数据收集、存储、分析和应用渗透到各行各业，尤其是基于互联网的人工智能健康产业的发展。例如，利用互联网人工智能辅助支撑社区医院与养老机构医生、签约家庭医生及乡村医生等基层医护人员的诊疗业务等。因此，在互联网较为发达的地区，人工智能的应用也会更加便捷，各国人民也可在互联网上体验更好的人工智能服务。2020 年参评国家互联网使用率如图 3-9 所示。

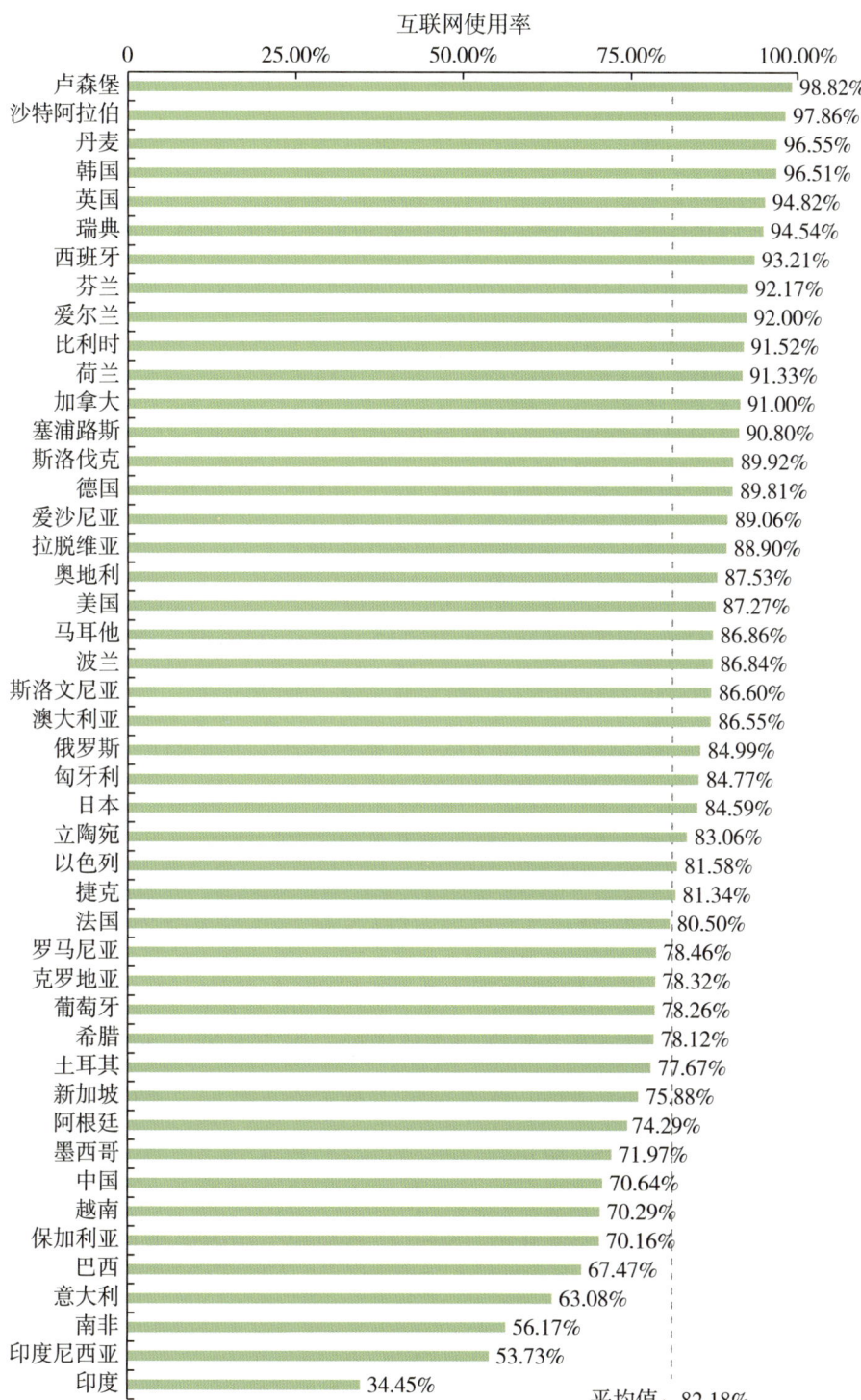

图 3-9　2020 年参评国家互联网使用率

卢森堡、沙特阿拉伯、丹麦和韩国的互联网使用率均为95%以上，处于领先水平。2020年卢森堡的互联网使用率为98.82%，沙特阿拉伯为97.86%，丹麦为96.55%，韩国为96.51%，前4位的互联网使用率相差不大，最大差值仅为2.31%。

发达国家与发展中国家差异较大。在国际电联发布的2021年全球数据中，大约有49亿人（约占世界人口的63%）可使用互联网，无法接入互联网的29亿人中，96%生活在发展中国家。全球互联网使用率为62.5%，发达国家的互联网使用率为90.3%，发展中国家的互联网使用率为57.1%。在排名前十二的参评国家中，仅沙特不是发达国家。但是参评国家排名较为靠后的10个国家中，仅意大利为发达国家。印度的互联网使用率未达50%，居末位。2020年，印度的互联网使用率约为34.45%，远远落后于其他国家，仍有很大的发展空间。

中国的互联网使用率排名第39位，排名靠后。2020年，中国的互联网使用率约为70.64%，未达到参评国家的平均水平（82.18%），在参评国家中排名倒数第8位。我国互联网使用率低与我国人口年龄结构等多个因素有关，当前我国互联网基础设施建设日趋完善，网络费用不断降低，互联网应用场景不断扩大，网民规模平稳增长，但是对于老年人来说，其使用意愿等因素导致我国互联网使用率整体不高，但是我国的互联网普及呈现逐年稳步提升态势。

（三）固定宽带订阅率

固定宽带订阅率是指一国每一百人中使用固定宽带的人数。固定宽带订阅率可作为衡量居民家庭网络普及程度的重要指标。固定宽带订阅率越高，普及度越高，网民的数量也会随之增加，两者都会为基于人工智能技术的信息化创新贡献力量，同时，固定宽带作为通信基础设施，为万物互联、人机交互、天地一体的网络空间建设提供了有力支撑，为实现基于人工智能的智慧化应用（如智慧养老等服务）的实现与发展奠定了基础。2020年参评国家固定宽带订阅率如图3-10所示。

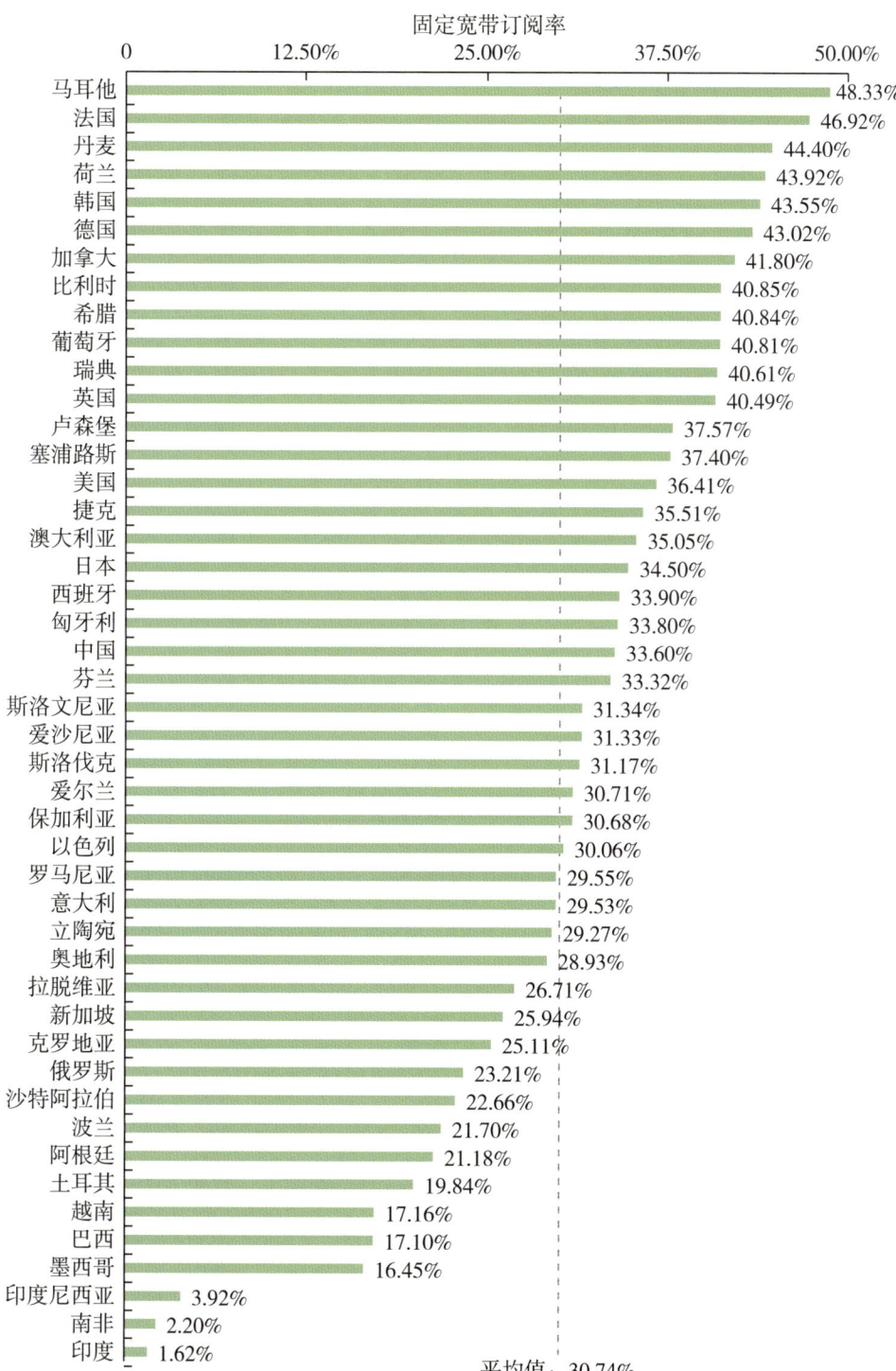

图 3-10 2020 年参评国家固定宽带订阅率

发达国家与发展中国家差距较大。这一特点与前面互联网使用率情况一致。当前固定宽带被与越来越多的业务绑定在一起，在互联网加持下，带来更优的用户体验，如通过固定宽带打通电视、手机、冰箱等家电链接，实现智慧家庭建设。在国际电联公布的 2021 年数据中，全球固定宽带订阅率为 16.7%，发达国家的固定宽带订阅率为 35.7%，发展中国家的固定宽带订阅率为 13%，在参评国家中，排名前十二的国家皆为发达国家且固定宽带订阅率超过 40%，排名靠后的 10 个国家皆为发展中国家，其固定宽带订阅率不足 25%，印度尼西亚、南非和印度 3 个国家的固定宽带订阅率不足 5%，居参评国家末位。这些国家由于地理条件特殊、人口结构复杂、国土面积大、基础设施建设或人员使用意愿等原因，固定宽带的覆盖进程较为缓慢。

中国的固定宽带订阅率处于参评国家中的中等水平。中国的固定宽带订阅率约为 33.60%，在参评国家中排名第 21 位，仅比参评国家的平均得分（30.74%）高 2.86 个百分点，尚有较大提升空间。当前我国的宽带建设经历了"从无到有"，未来应转变为"从有到好"，通过向用户提供更好的应用场景和服务体验，逐步稳定提升我国的固定宽带订阅率。

（四）5G 建设水平

5G 建设水平的衡量指标是数据传输速率，指每秒传输的位（比特）数量，也叫"带宽"，单位是兆位/秒（Million bits per second，Mbps）。数据传输速率反映了终端设备之间的信息处理能力，它是一段时间的平均值，数值越大，说明速度越快。

第 5 代移动通信技术（5G）作为最新一代蜂窝移动通信技术，在提高传输速率的同时实现了大量信息和数据传输的可能，具备移动宽带增强、超高可靠、超低时延通信、大规模互联等特点，这使得自动驾驶、智能医疗、智能制造、智能农业、智能家居等人工智能技术应用成为可能，这也使得 5G 成为推动人工智能发展的新动能。截至 2021 年 10 月参评国家 5G 传输速率如图 3-11 所示。

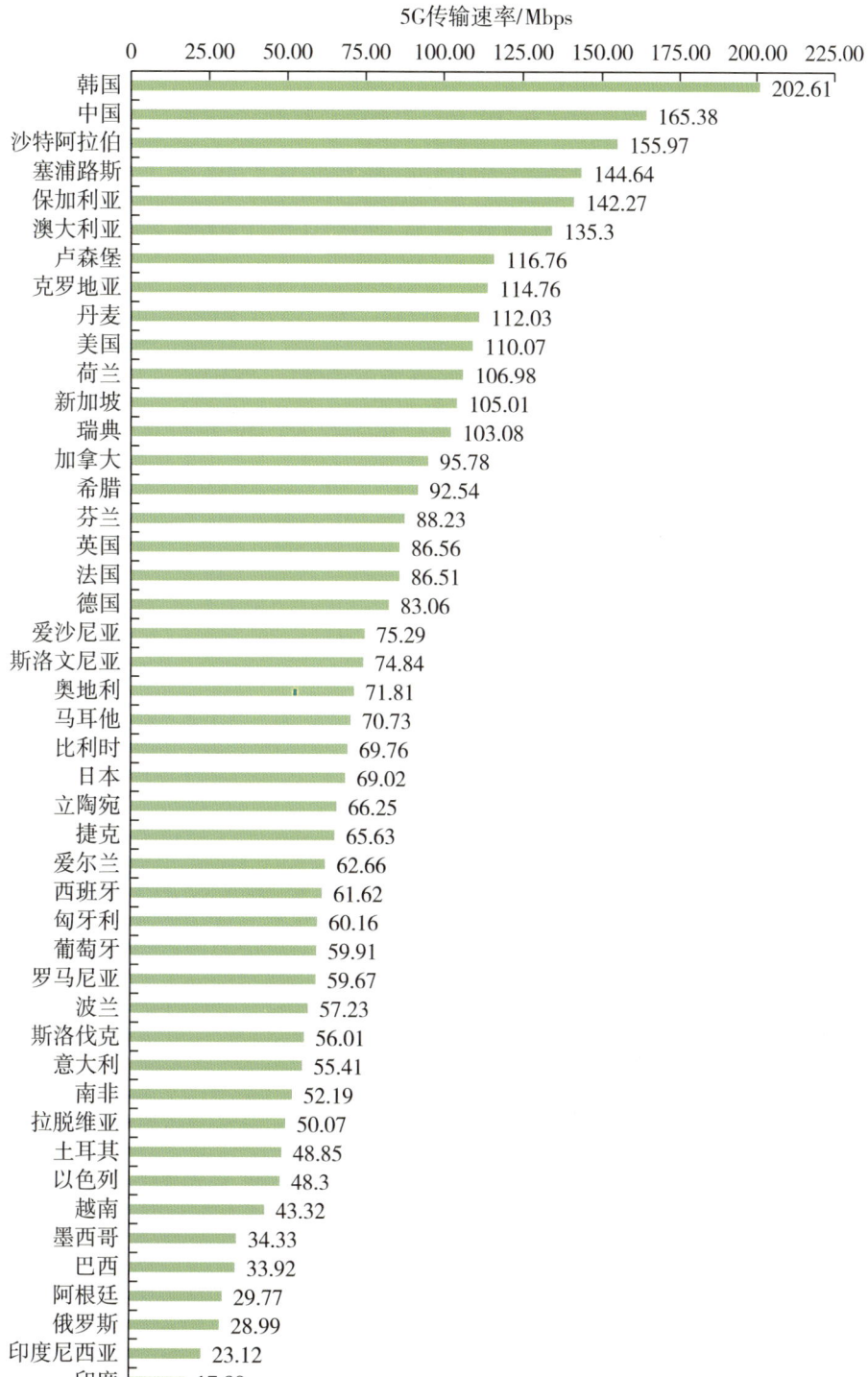

图 3-11 截至 2021 年 10 月参评国家 5G 传输速率

韩国是全球首个成功实现 5G 核心技术商用的国家，其 5G 建设水平也领先于其他参评国家。2018 年 12 月 1 日，韩国三大运营商 SK、KT 与 LG U+ 同步在韩国部分地区推出 5G 服务。截至 2021 年 10 月，韩国的 5G 传输速率达到 202.61 Mbps，是参评国家中 5G 传输速率唯一超过 200 Mbps 的国家。

中国的 5G 建设水平仅低于韩国，在参评国家中居第 2 位。2019 年 6 月 6 日，工业和信息化部正式向中国电信、中国移动、中国联通、中国广电发放 5G 商用牌照，中国正式进入 5G 商用。截至 2021 年 10 月，中国的 5G 传输速率达到 165.38 Mbps，但与排名第一的韩国有较大的差距，与居第 3 位的沙特阿拉伯（155.97 Mbps）差距较小。我国不仅 5G 建设水平较高，5G 用户量也大，并且一直保持高速增长，中国移动从 2021 年第一季度的 1.89 亿 5G 用户增长至第三季度的 3.31 亿 5G 用户，伴随大量新增用户，我国 5G 建设和应用水平将持续发展。

第四章
人工智能创新资源与环境

创新资源与环境是滋养人工智能蓬勃发展的土壤，人工智能技术从研发到落地应用的全过程，离不开人才、资金、制度等方面的保障和支持。高水平的人工智能人才队伍是理论研究和技术研发的智力来源，相关学科教育是影响后备力量的重要因素，国家层面的资金投入和良好的制度建设将为人工智能的研发和应用提供有利的政策环境。本章从人才、教育、国家研发投入和创新制度4个方面衡量各国人工智能创新资源与环境状况。

一、人工智能创新资源与环境总体情况

人工智能创新资源与环境包含人工智能人才、人工智能教育、国家研发投入和人工智能创新制度4个二级评价指标。其中，人工智能人才这一指标由人工智能顶级学者人口参与率、人工智能开源代码贡献量和人工智能高收藏量开源代码占比3个三级指标构成；人工智能教育由高水平人工智能核心专业开设率、全日制科学和工程博士生占比和PISA测试成绩3个三级指标构成；国家研发投入包括国家研发投入强度1个三级指标；人工智能创新制度由国家人工智能发展政策与规划、国家人工智能社会治理2个三级指标构成。

按人工智能创新资源与环境的总体水平，可将参评国家分为3个梯队。其中，美国、新加坡、英国等7个国家具备良好的创新资源与环境，得分高于40分；韩国、瑞典等18个国家得分为20~40分；波兰、斯洛文尼亚等21个国家创新资源与环境相对较差，得分为20分以下（图4-1）。

国家	人工智能创新资源与环境	人工智能人才			人工智能教育			国家研发投入	人工智能创新制度	
		人工智能顶级学者人口参与率	人工智能开源代码贡献量	人工智能高收藏量开源代码占比	高水平人工智能核心专业开设率	全日制科学和工程博士占比	PISA测试成绩	国家研发投入强度	国家人工智能发展政策与规划	国家人工智能社会治理
美国	59.55	16.81	100.00	52.23	3.52	81.59	34.20	56.66	76.64	94.20
新加坡	51.45	100.00	3.00	44.44	20.59	82.78	86.60	38.49	51.03	58.65
英国	48.29	17.60	17.67	58.49	55.66	82.26	38.80	34.05	63.37	74.50
以色列	47.85	37.11	3.67	54.55	23.81	100.00	30.40	98.82	7.18	11.67
中国	44.53	6.72	52.67	51.90	3.53	91.49	98.60	42.81	29.35	37.96
澳大利亚	44.24	13.41	5.00	26.67	69.05	83.07	37.80	37.49	57.43	64.83
日本	40.27	6.02	1.67	60.00	2.43	66.81	46.60	65.50	34.95	33.87
韩国	39.25	10.97	1.00	33.33	6.90	67.48	53.20	90.55	7.95	9.67
瑞典	37.87	7.04	2.00	50.00	41.03	88.47	38.80	66.26	8.06	10.85
卢森堡	37.42	85.01	0.00	0.00	100.00	100.00	28.80	24.23	18.76	22.92
比利时	36.25	4.94	2.00	66.67	17.46	82.16	38.80	55.32	17.59	20.45
法国	35.55	5.61	12.67	26.32	40.00	100.00	31.80	43.86	25.46	27.00
丹麦	34.95	8.32	2.00	33.33	30.77	90.02	31.60	60.66	10.53	17.08
奥地利	34.13	12.08	3.00	44.44	12.33	83.97	31.40	64.21	8.65	11.17
德国	33.72	12.23	19.67	49.15	14.04	77.37	38.20	62.65	1.53	2.50
荷兰	32.51	6.85	4.00	50.00	27.78	79.11	43.60	43.27	13.94	18.67
加拿大	32.45	14.52	12.33	40.54	25.00	100.00	48.20	30.85	14.88	22.58
芬兰	30.89	7.44	0.67	0.00	20.00	82.77	42.00	55.11	15.27	19.67
捷克	29.20	0.00	1.00	66.67	6.78	84.55	33.20	38.60	11.45	16.83
意大利	26.74	5.44	5.67	41.18	46.67	82.42	24.20	27.84	10.13	11.08
葡萄牙	26.39	7.49	0.67	50.00	5.43	81.00	30.40	26.95	16.88	23.67
印度	22.64	0.34	28.00	39.29	0.25	90.89	27.60	13.06	13.85	16.92
爱沙尼亚	22.56	8.37	0.00	0.00	0.00	98.63	31.40	28.09	11.39	20.62
西班牙	21.92	2.29	5.33	25.00	26.67	81.40	20.00	24.86	8.67	9.83
拉脱维亚	21.79	0.00	0.33	100.00	0.00	84.12	22.60	12.82	4.81	5.83
波兰	19.99	0.90	4.67	21.43	3.15	76.55	42.40	24.19	4.40	7.75
斯洛文尼亚	19.36	5.03	0.00	0.00	6.45	60.82	34.60	39.01	2.66	2.92
爱尔兰	18.76	8.00	2.67	12.50	6.90	85.57	30.80	22.93	3.50	3.08
巴西	18.66	0.14	8.67	53.85	6.30	72.58	5.00	23.21	1.62	3.58
越南	18.32	0.09	1.67	80.00	0.00	81.74	1.00	10.53	2.66	13.17
匈牙利	17.27	1.39	1.00	0.00	0.00	69.32	22.60	30.67	5.88	8.75
土耳其	17.27	0.08	4.33	30.77	1.50	70.91	13.20	19.20	9.70	9.53
希腊	16.83	2.18	1.00	33.33	6.25	63.76	12.40	23.55	3.60	4.67
俄罗斯	16.74	0.37	3.00	11.11	1.48	75.47	21.60	19.66	7.84	11.38
保加利亚	16.57	0.00	1.00	66.67	0.00	61.87	11.00	15.11	4.03	4.58
克罗地亚	16.55	1.21	2.00	50.00	0.00	66.78	17.00	19.44	1.20	1.00
立陶宛	16.35	0.00	0.00	0.00	0.00	82.45	22.20	18.84	11.48	11.92
马耳他	13.70	0.00	0.00	0.00	0.00	73.36	22.60	11.45	10.90	11.83
斯洛伐克	13.49	0.00	0.00	0.00	3.13	73.49	25.60	16.76	3.00	3.00
南非	13.37	0.54	0.00	0.00	7.69	73.96	22.80	16.64	1.70	1.75
塞浦路斯	12.02	0.00	0.00	0.00	0.00	95.24	11.80	10.96	1.20	1.67
阿根廷	11.78	0.00	0.67	50.00	2.50	100.00	2.40	9.87	1.65	2.50
罗马尼亚	10.49	3.01	0.00	0.00	3.85	67.64	8.20	10.02	3.60	5.17
沙特阿拉伯	8.84	2.02	0.00	0.00	8.57	37.59	6.00	16.31	2.22	3.33
墨西哥	6.46	0.05	0.00	0.00	0.08	40.91	2.20	6.26	4.57	5.58
印度尼西亚	6.07	0.00	0.33	0.00	0.00	48.72	1.20	4.53	3.00	3.00

图 4-1 人工智能创新资源与环境各级指标得分情况（圆形大小：指数得分）

第四章
人工智能创新资源与环境

各国在创新资源与环境方面的差异主要体现在人工智能顶级学者参与率、人工智能开源代码贡献量、高水平人工智能核心专业开设率等方面。人工智能顶级学者参与率以新加坡、卢森堡两国表现最为突出；开源代码贡献量上，美国独占鳌头，得分比排名第二的中国高近 50 分；核心专业开设率上，卢森堡高达满分，而其余大部分国家得分甚至不到 10 分。

二、人工智能人才

对人工智能人才，主要从顶级学者和开源代码两个层面进行考察。人工智能人才指标排名前十的国家分别是美国、新加坡、中国、拉脱维亚、以色列、英国、卢森堡、越南、德国和比利时，美国、新加坡领先优势较为明显（图 4-2）。

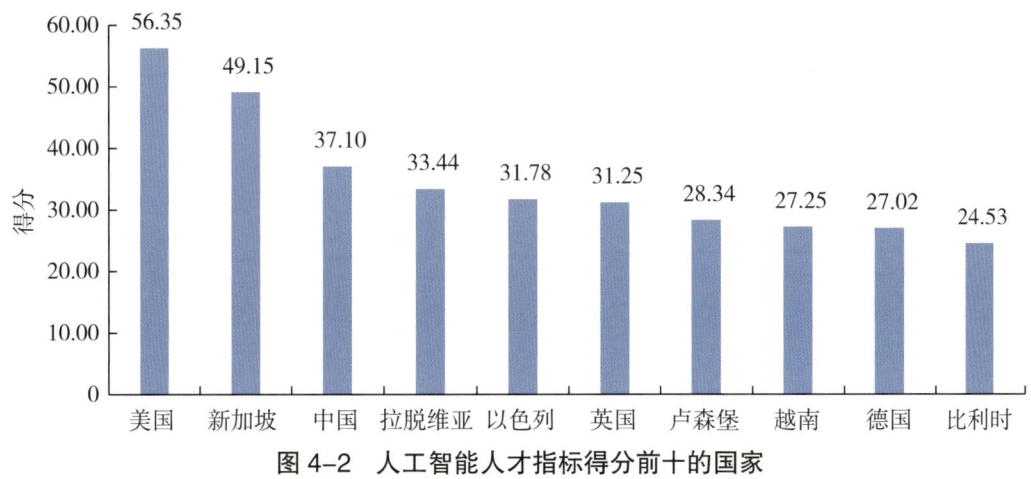

图 4-2　人工智能人才指标得分前十的国家

（一）人工智能顶级学者人口参与率

人工智能顶级学者人口参与率是指每百万本科及以上入学人口中人工智能顶级学者的数量。其中，人工智能顶级学者是指 5 年内在中国计算机协会推荐的 7 个全球人工智能顶级学术会议上发表 2 篇及以上论文的学者。人工智能顶级学术会议论文能够体现该领域的最新科研成果，在人工智能顶级学术会议上发表论文的情况是一个国家人工智能人才质量的直接体现。各参评国家的人工智能顶级学者人口参与率及数量如图 4-3 所示。

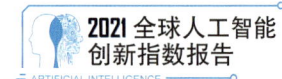

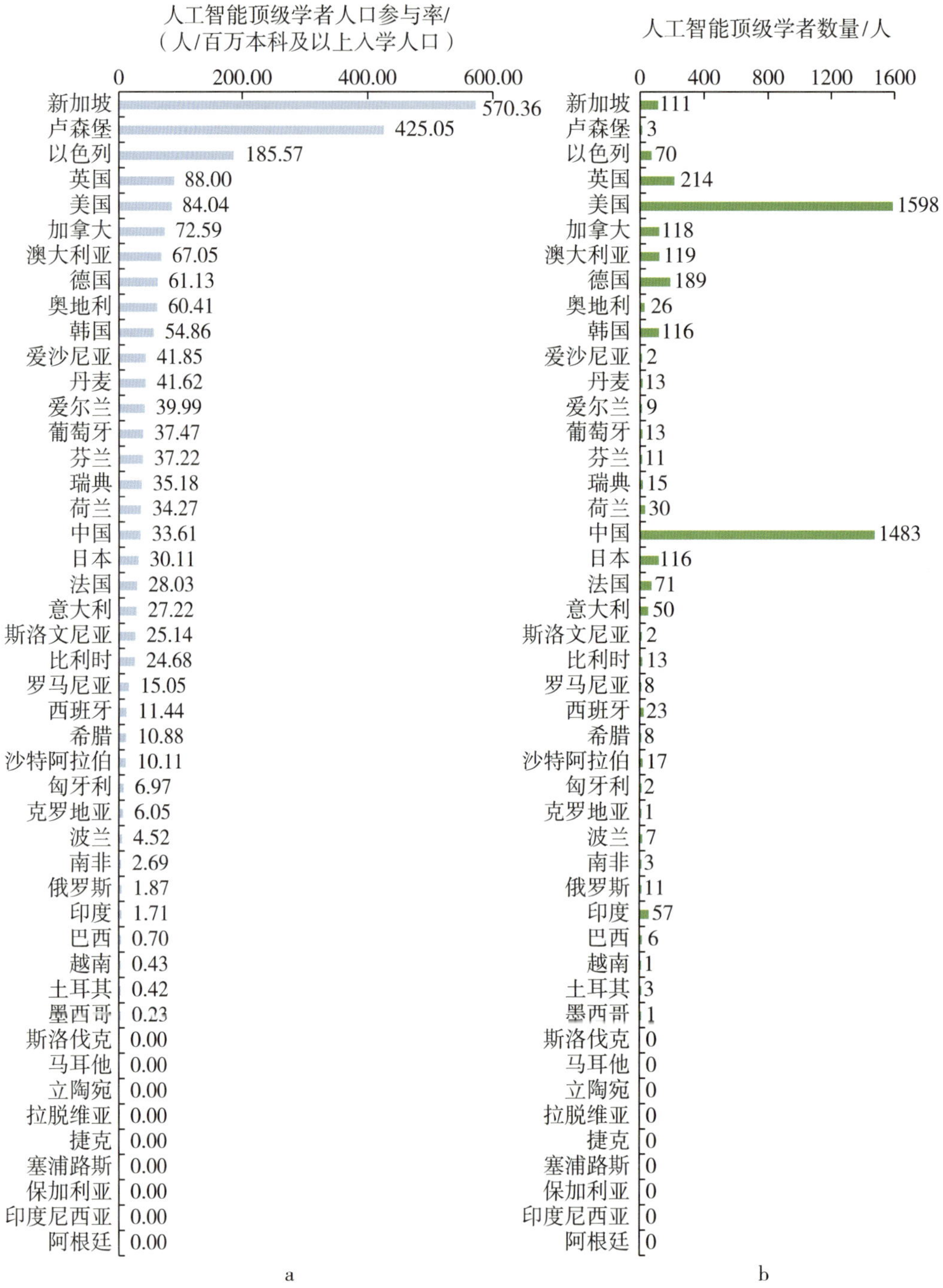
人工智能顶级学者人口参与率/（人/百万本科及以上入学人口）
0
200.00
400.00
600.00
新加坡 570.36
卢森堡 425.05
以色列 185.57
英国 88.00
美国 84.04
加拿大 72.59
澳大利亚 67.05
德国 61.13
奥地利 60.41
韩国 54.86
爱沙尼亚 41.85
丹麦 41.62
爱尔兰 39.99
葡萄牙 37.47
芬兰 37.22
瑞典 35.18
荷兰 34.27
中国 33.61
日本 30.11
法国 28.03
意大利 27.22
斯洛文尼亚 25.14
比利时 24.68
罗马尼亚 15.05
西班牙 11.44
希腊 10.88
沙特阿拉伯 10.11
匈牙利 6.97
克罗地亚 6.05
波兰 4.52
南非 2.69
俄罗斯 1.87
印度 1.71
巴西 0.70
越南 0.43
土耳其 0.42
墨西哥 0.23
斯洛伐克 0.00
马耳他 0.00
立陶宛 0.00
拉脱维亚 0.00
捷克 0.00
塞浦路斯 0.00
保加利亚 0.00
印度尼西亚 0.00
阿根廷 0.00
a
人工智能顶级学者数量/人
0
400
800
1200
1600
新加坡 111
卢森堡 3
以色列 70
英国 214
美国 1598
加拿大 118
澳大利亚 119
德国 189
奥地利 26
韩国 116
爱沙尼亚 2
丹麦 13
爱尔兰 9
葡萄牙 13
芬兰 11
瑞典 15
荷兰 30
中国 1483
日本 116
法国 71
意大利 50
斯洛文尼亚 2
比利时 13
罗马尼亚 8
西班牙 23
希腊 8
沙特阿拉伯 17
匈牙利 2
克罗地亚 1
波兰 7
南非 3
俄罗斯 11
印度 57
巴西 6
越南 1
土耳其 3
墨西哥 1
斯洛伐克 0
马耳他 0
立陶宛 0
拉脱维亚 0
捷克 0
塞浦路斯 0
保加利亚 0
印度尼西亚 0
阿根廷 0
b

图 4-3　人工智能顶级学者人口参与率及数量

从空间分布看，北美洲和欧洲是人工智能顶级学者汇集之地。美国、加拿大人工智能顶级学者人口参与率均位居前十。美国拥有斯坦福大学、哈佛大学等一批世界名校和IBM、微软、谷歌等众多科技企业巨头，为顶尖人才的创新研究提供了良好的科研保障。此外，开放的移民政策和学术环境也增强了美国的人才吸引力。欧洲人工智能顶级学者人口参与率较高，参与率排名前十的国家中，有4个地处欧洲，分别是卢森堡、英国、奥地利和德国。

新加坡和卢森堡的人工智能顶级学者人口参与率遥遥领先。截至2021年10月，新加坡共有111位人工智能顶级学者，总量排名第9位，人工智能顶级学者人口参与率570.36位/百万本科及以上入学人口，排名第1位。卢森堡共有3位人工智能顶级学者，总量仅排名第31位，但由于人口总量少，人工智能顶级学者人口参与率在所有参评国家中排名第2位，为425.05位/百万本科及以上入学人口。以色列人工智能顶级学者人口参与率为185.57位/百万本科及以上入学人口，排名第3位。其他国家人工智能顶级学者参与率均在100位/百万本科及以上入学人口以下，中国排名第18位。

中美两国人工智能顶级学者数量遥遥领先，但美国人工智能顶级学者人口参与率远高于中国。美国和中国分别有1598位和1483位人工智能顶级学者，远高于世界上其他国家。中国人工智能顶级学者数量与美国大致相等，但由于中国的人口基数较大，人工智能顶级学者人口参与率仅约为美国的2/5（美国为84.04位/百万本科及以上入学人口，中国为33.61位/百万本科及以上入学人口）。

（二）人工智能开源代码贡献量

人工智能开源代码贡献量，是指一个国家在GitHub平台上共享的被收藏数大于50的人工智能开源代码数量。GitHub是一个面向开源及私有软件项目的托管平台，隶属微软公司。本报告获取GitHub上与人工智能密切相关且被收藏数大于50的开源代码信息，根据代码创始人员的所在地区分开源代码所属国家，并将这些代码的数量作为一个国家人工智能开源代码的贡献量。人工智能的相关算法和框架等是人工智能的核心所在，在一定程度上能反映出一国人工智能人才的人工智能开发能力。截至2021年9月人工智能开源代码贡献量如图4-4所示。

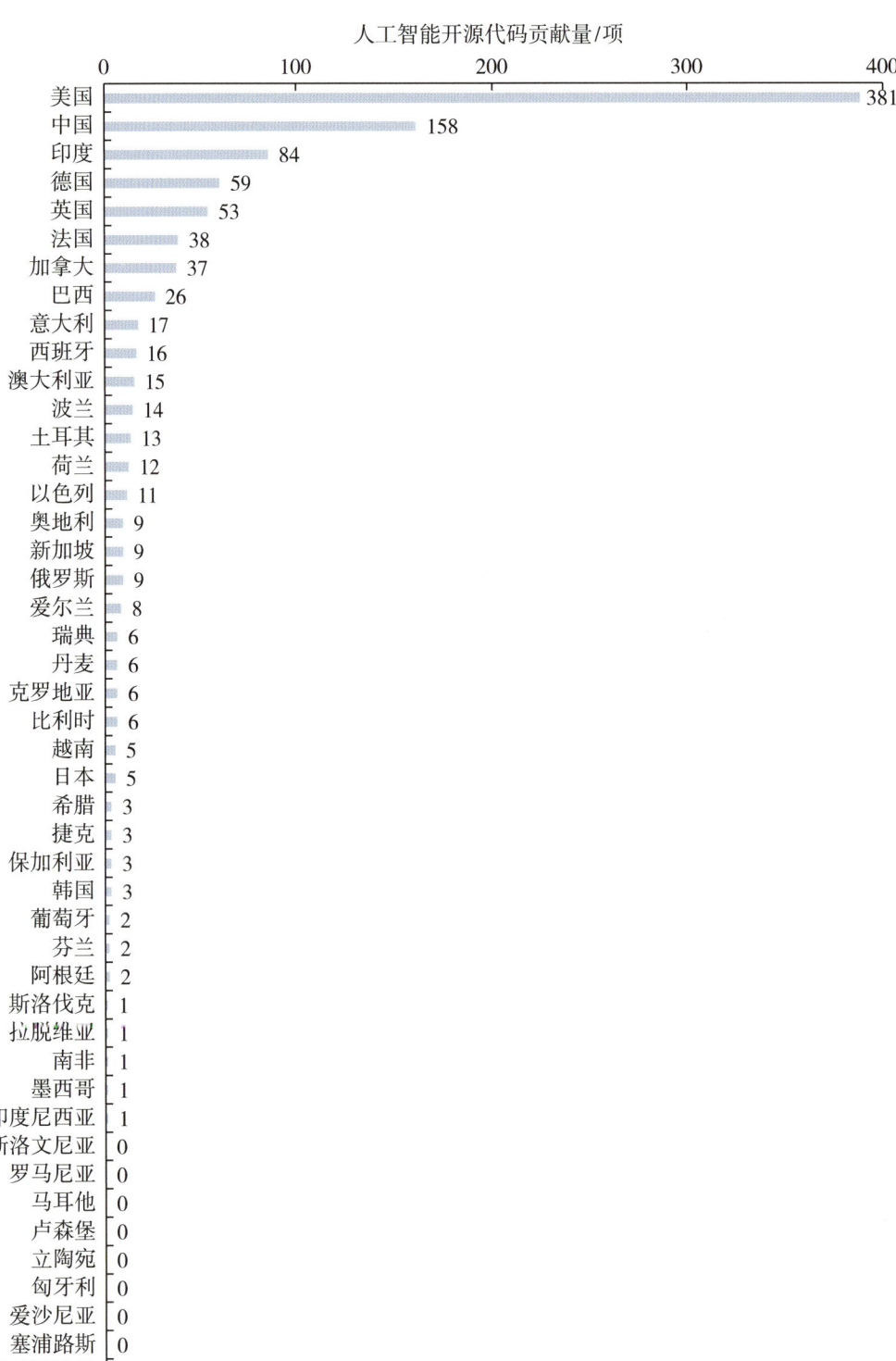

图 4-4 截至 2021 年 9 月人工智能开源代码贡献量

美国在人工智能开源代码上依然保持绝对领先。截至 2021 年 9 月，来自美国的被收藏数大于 50 的人工智能开源代码数量达到 381 项，远远高于其他国家。依托于谷歌、微软、Facebook 等大型互联网公司的雄厚研发基础，美国在人工智能相关技术开发上占据全球主导地位。

中国在人工智能开源代码研发上已取得一定成果。中国的人工智能开源代码贡献量在参评国家中排名第 2 位。截至 2021 年 9 月，来自中国的被收藏数大于 50 的人工智能开源代码数量达到 158 项，主要来自腾讯、百度、阿里巴巴等公司和中国科学院等科研机构。

印度、德国、英国的人工智能开源代码贡献量水平相近。印度、德国、英国的收藏数高于 50 的人工智能开源代码均在 50 项以上，与第 1 名和第 2 名存在较大差距。从开发者身份看，与中美情况不同，这些国家的开发者多为个人，表明这些国家在人工智能算法研发方面尚未形成以企业或科研机构为主体的创新局面。

（三）人工智能高收藏量开源代码占比

人工智能高收藏量开源代码占比是指国家在 GitHub 平台上共享的被收藏数大于 200 的人工智能开源代码数量与被收藏数大于 50 的人工智能开源代码总数之比，在一定程度上可以反映开源代码的质量。截至 2021 年 9 月人工智能高收藏量开源代码占比如图 4-5 所示。

拉脱维亚、越南、捷克、保加利亚、比利时等国家的人工智能开源代码质量相对较高。虽然拉脱维亚、越南、捷克、保加利亚、比利时的人工智能开源代码贡献量较低，但高收藏量开源代码占比较高，均超过 66.67%，排名第 1 名至第 5 名。来自拉脱维亚的人工智能开源代码为 1 项，但收藏量高于 200；来自越南的人工智能开源代码为 5 项，但有 4 项收藏量高于 200，占比 80%；来自比利时、保加利亚、捷克的人工智能开源代码分别为 6 项、3 项、3 项，其中收藏量高于 200 的分别为 4 项、2 项、2 项，占比为 66.67%。

美国人工智能高收藏量开源代码数量遥遥领先。截至 2021 年 9 月，来自美国的收藏数大于 200 的人工智能开源代码数量达到 199 项，在总量上远高于其他参评国家，而高收藏量开源代码占比也达到 52.23%，排名第 10 位。这表明美国的人工智能开源代码不仅在数量上绝对领先，质量上同样具有明显优势。

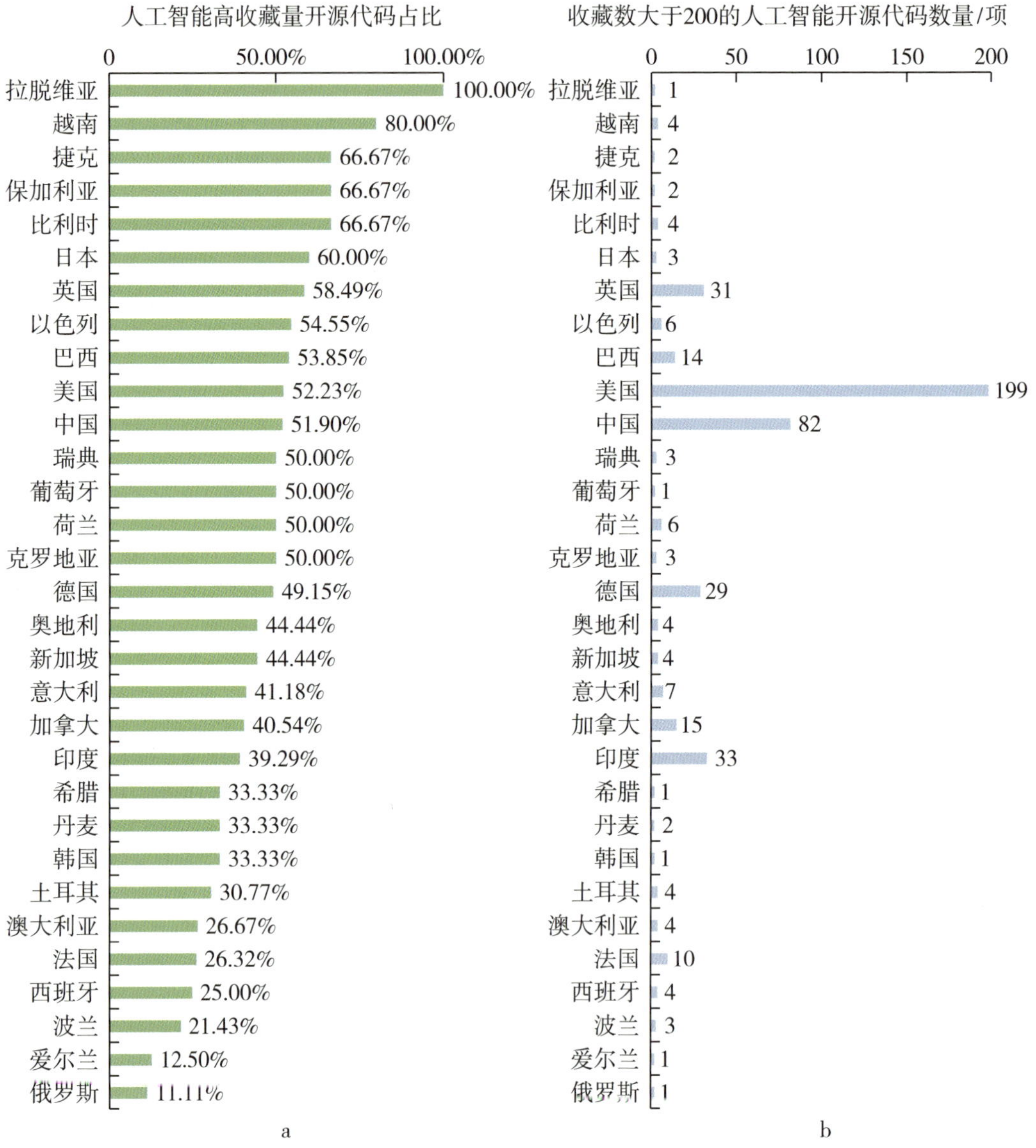

图 4-5 截至 2021 年 9 月人工智能高收藏量开源代码数量和占比

（仅显示占比大于 0 的国家）

中国的人工智能高收藏量开源代码占比为 51.90%，相比去年有大幅提升。来自中国的被收藏数大于 50 的人工智能开源代码数量已达到 158 项，被收藏数量达到 200 的人工智能开源代码数量达到 82 项，均仅次于美国，这从一定程度上反映出中国的算法开发能力有了大幅提升。

三、人工智能教育

人工智能教育指标反映一个国家的人工智能学科建设水平和人才培养能力，主要从高水平人工智能核心专业开设率、全日制科学与工程博士生占比、PISA 测试成绩 3 个方面进行考察。该指标排名前十的国家分别是卢森堡、中国、新加坡、澳大利亚、英国、加拿大、法国、瑞典、以色列、意大利（图 4-6）。

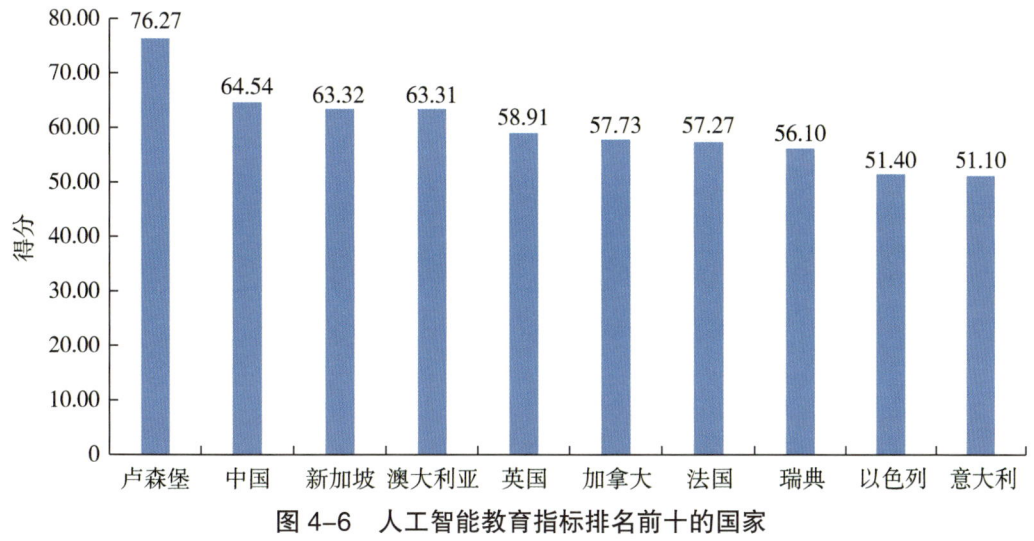

图 4-6　人工智能教育指标排名前十的国家

（一）高水平人工智能核心专业开设率

高水平人工智能核心专业开设率是指一个国家入选 USNews 全球大学排行榜人工智能相关专业前 200 名的大学数与该国大学总数之比。人工智能相关专业的确定借鉴了国务院《新一代人工智能发展规划》与教育部《高等学校人工智能创新行动计划》中的有关表述，选择计算机科学、数学、物理和神经科学 4 个专业[①]。高水平人工智能核心专业开设率指标反映了一个国家计算机、数学、物理和神经科学等人工智能基础学科的国际水平，在一定程度上决定了该国在人工智能理论和技术研究方面的潜力。各参评国家的高水平人工智能核心专业开设率和开设核心专业的高校数量如图 4-7 所示。

---

① 在统计过程中，若一个高校同时开设多个高水平人工智能核心专业且均进入全球前 200，则以累加方式计算。例如，哈佛大学 4 个专业均进入前 200 名，统计时即视作 4 个高校。

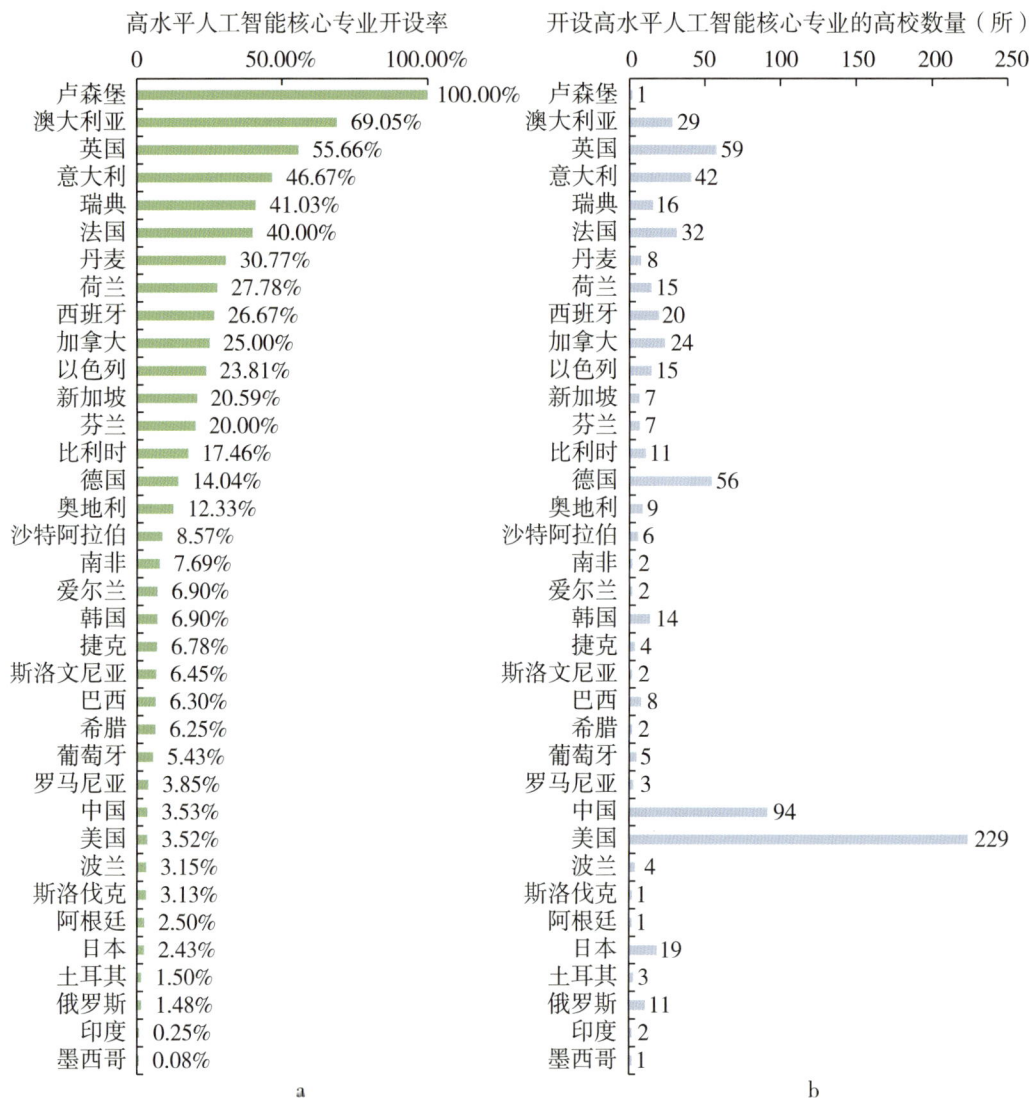

图 4-7 高水平人工智能核心专业开设情况

（仅显示开设率大于 0 的国家）

欧洲国家在高水平人工智能核心专业开设率方面名列前茅。高水平人工智能核心专业开设率排名前十的国家中，有 8 个国家是欧洲国家，分别是卢森堡、英国、意大利、瑞典、法国、丹麦、荷兰和西班牙。这与欧洲的高等学校有良好的基础科学传统和积累有关，也反映了欧洲国家良好的人工智能学科建设水平。

美国、中国和英国专业开设总量排名前三。美国累计有 229 所高校设有高水平人工智能核心专业，中国为 94 所，英国为 59 所。和英国相比，美中两国虽然高水平人工智能核心专业开设数量较多，但由于高校总量大（美国为6502家，中国为2663家），两国的核心专业开设率较低，分别排在第28名和第27名，仅处于中等水平。表明两国在人工智能核心专业的设立上仍有较大的提升空间。

※ 人工智能核心专业的开设情况

对比美国、中国、英国、德国和意大利，即人工智能核心专业开设总量排名前五的国家（图4-8），可以发现美国的计算机、物理和神经科学专业具有明显的竞争优势；中国除在数学专业方面与美国差距较小之外，其余3个专业的建设水平仍与美国有较大差距，尤其是神经科学专业；英国的4个专业发展相对平衡；德国在神经科学专业优于中国、英国和意大利；意大利的数学和物理学科专业建设水平较高。

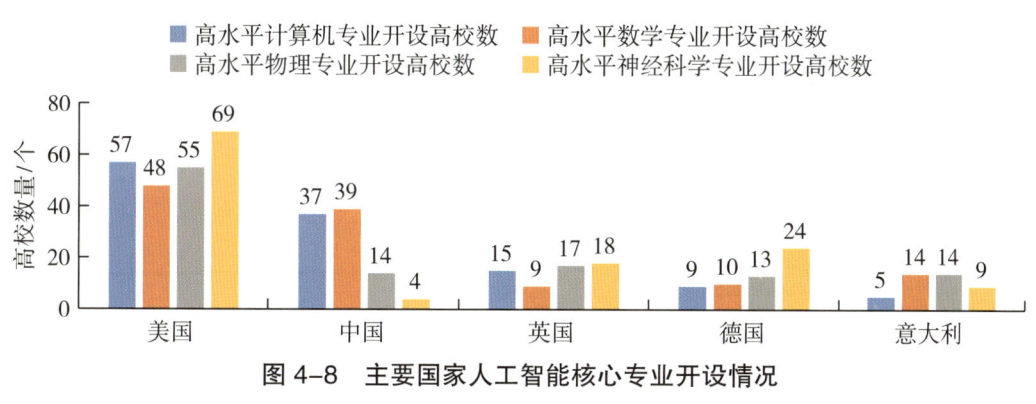

图4-8 主要国家人工智能核心专业开设情况

（二）全日制科学和工程博士生占比

全日制科学和工程博士生占比是指一个国家的全日制科学和工程专业在校博士生人数占该国所有在校博士生的比重。参考经济合作与发展组织（OECD）对科学与工程领域的界定，选取了物理、生物、数学和统计学，计算机科学，农业科学，社会和行为科学，工程学5个领域，基本涵盖了人工智能的主要研究和应用领域。博士研究生是科学研究的重要人力资源，是各国科研体系中不可缺少的重要力量。因此，对全日制科学和工程博士生数量的分析能够反映出一国对人工智能领域高层次人才的教育和培养情况（图4-9）。

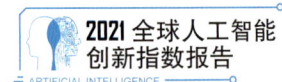

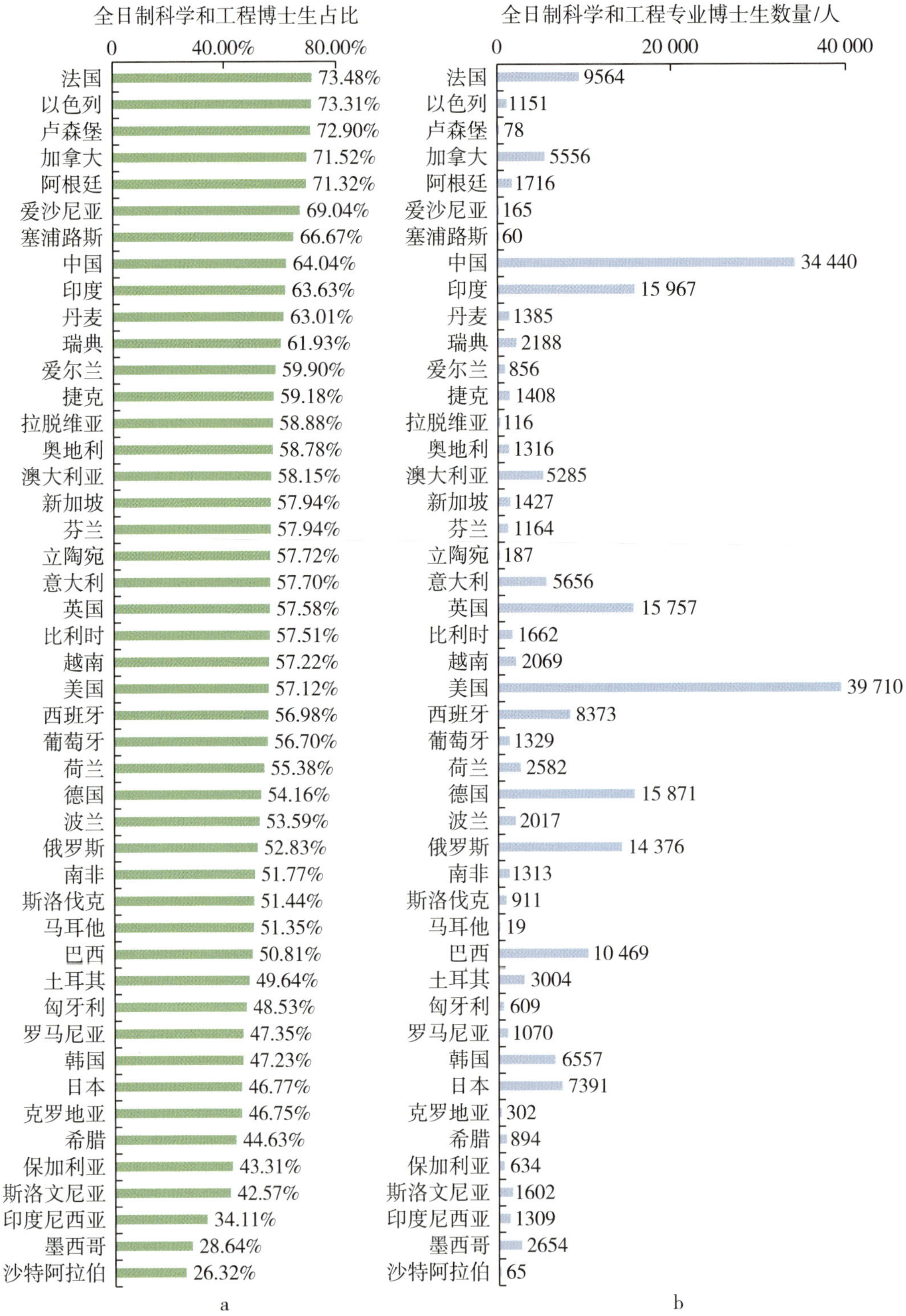
全日制科学和工程博士生占比
0
40.00%
80.00%
法国 73.48%
以色列 73.31%
卢森堡 72.90%
加拿大 71.52%
阿根廷 71.32%
爱沙尼亚 69.04%
塞浦路斯 66.67%
中国 64.04%
印度 63.63%
丹麦 63.01%
瑞典 61.93%
爱尔兰 59.90%
捷克 59.18%
拉脱维亚 58.88%
奥地利 58.78%
澳大利亚 58.15%
新加坡 57.94%
芬兰 57.94%
立陶宛 57.72%
意大利 57.70%
英国 57.58%
比利时 57.51%
越南 57.22%
美国 57.12%
西班牙 56.98%
葡萄牙 56.70%
荷兰 55.38%
德国 54.16%
波兰 53.59%
俄罗斯 52.83%
南非 51.77%
斯洛伐克 51.44%
马耳他 51.35%
巴西 50.81%
土耳其 49.64%
匈牙利 48.53%
罗马尼亚 47.35%
韩国 47.23%
日本 46.77%
克罗地亚 46.75%
希腊 44.63%
保加利亚 43.31%
斯洛文尼亚 42.57%
印度尼西亚 34.11%
墨西哥 28.64%
沙特阿拉伯 26.32%
a
全日制科学和工程专业博士生数量/人
0
20 000
40 000
法国 9564
以色列 1151
卢森堡 78
加拿大 5556
阿根廷 1716
爱沙尼亚 165
塞浦路斯 60
中国 34 440
印度 15 967
丹麦 1385
瑞典 2188
爱尔兰 856
捷克 1408
拉脱维亚 116
奥地利 1316
澳大利亚 5285
新加坡 1427
芬兰 1164
立陶宛 187
意大利 5656
英国 15 757
比利时 1662
越南 2069
美国 39 710
西班牙 8373
葡萄牙 1329
荷兰 2582
德国 15 871
波兰 2017
俄罗斯 14 376
南非 1313
斯洛伐克 911
马耳他 19
巴西 10 469
土耳其 3004
匈牙利 609
罗马尼亚 1070
韩国 6557
日本 7391
克罗地亚 302
希腊 894
保加利亚 634
斯洛文尼亚 1602
印度尼西亚 1309
墨西哥 2654
沙特阿拉伯 65
b

图 4-9　全日制科学和工程博士生数量及占比

法国、以色列、卢森堡、加拿大和阿根廷全日制科学和工程博士生占比较高，且比例相近。其中，法国全日制科学和工程博士生占比最高，为 73.48%，其次分别为以色列（73.31%）、卢森堡（72.90%）、加拿大（71.32%）和阿根廷（71.32%）。只有这 5 个国家的全日制科学和工程博士生占比均超过 70%，反映出这 5 个国家对科学和工程领域高层次人才的教育和培养情况非常出色。

从全日制科学与工程博士生总数看，美国、中国、印度名列前三甲。美国的全日制科学与工程博士生数量最多，接近 40 000 人，中国紧随其后，共有 34 440 人。印度为 15 967 人，居于第 3 名。虽然美国、中国、印度三国科学与工程博士生总数最高，但是由于三国人口基数较大，全日制科学和工程博士生占比均没有超过 70%。德国、英国和俄罗斯的全日制科学与工程博士生数量接近，均为 15 000 人左右。

（三）PISA 测试成绩

国际学生评价项目（The Program for International Student Assessment，PISA）是 OECD 举办的一项国际学生评估活动，每隔 3 年对来自世界各地的 15 岁学生进行阅读、数学和科学 3 个方面的素养测试。中学生群体是人工智能领域的潜在人才来源，PISA 测试成绩作为一项衡量中学生核心素养的指标，能够反映出一个国家初等教育水平及该国潜在人才群体的素养。各参评国家 PISA 测试成绩得分如图 4-10 所示。

中国的 PISA 测试成绩得分名列第 1 位。新加坡和韩国以 43.3 分、26.6 分的得分居第 2 位和第 3 位。三甲之间分数差距为 5~25。其他大多数国家的学生成绩得分接近，集中在 10~20 分。OECD 国家平均得分为 14.35 分。在排名前五的国家中，亚洲国家有 4 个，进一步表明中国、韩国等亚洲国家在初等教育上投入较大，相比其他国家具有明显优势，具有良好的人工智能领域的潜在人才来源基础。

四、国家研发投入

国家研发投入反映出一国对科技创新的重视程度，会直接影响国家的科技发展水平、技术创新能力、高新技术产业发展后劲与可持续发展能力。本报告中，用国家研发投入强度（国家研发经费支出占该国 GDP 的比重）衡量一国的国家研发投入情况。2020 年各参评国家研发投入强度如图 4-11 所示。

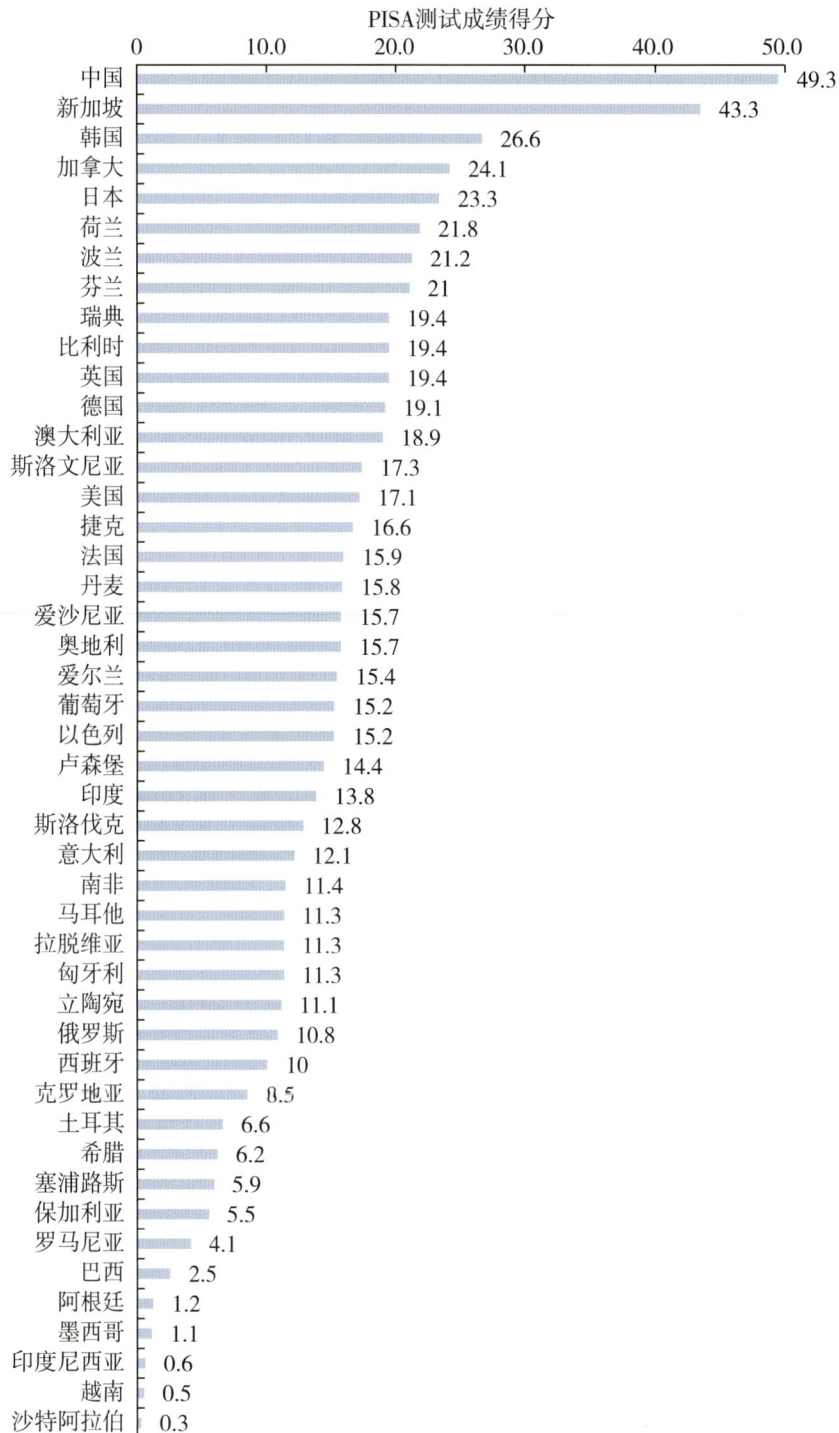

图 4-10 PISA 测试成绩得分

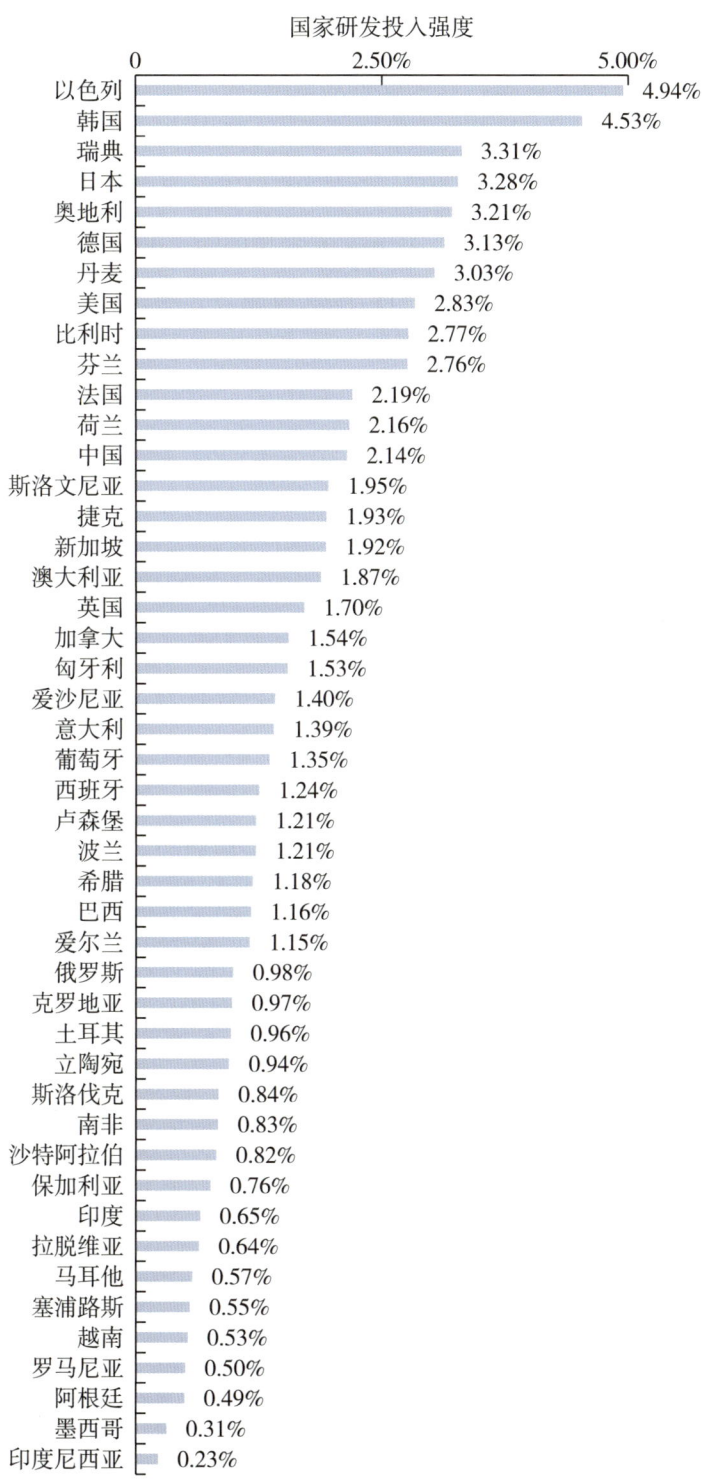

图 4-11　2020 年各参评国家研发投入强度

以色列和韩国的国家研发投入强度遥遥领先。以色列和韩国的国家研发投入最高，分别居第 1 位和第 2 位，且强度都超过 4.5%，表明这两国对于科技创新的重视程度非常高，这两个国家也具有较强的技术创新能力；瑞典、日本、奥地利、德国、丹麦的国家研发投入强度抢眼，均在 3% 以上，且差距较小，反映出这些国家较为重视科技研发。美国、法国、中国等 6 个参评国家的研发投入强度超过 2%，具有一定的高新技术产业发展后劲与可持续发展能力。澳大利亚、英国、加拿大等 16 个参评国家的国家研发投入强度在 1%～2%。俄罗斯等 17 个参评国家的国家研发投入强度在 1% 以下。

五、人工智能创新制度

人工智能创新制度旨在评价各个国家发布的人工智能相关政策的情况，包括战略规划、创新计划、预算、白皮书、倡议、行动方案、专项政策等。各国对人工智能发展的布局，基本体现在其相关政策规划中，既有关于前端理论研究与技术开发方面的内容，如部分国家提出的在大学中增设人工智能学科等，又涉及人工智能的应用，如部分国家大力支持无人驾驶汽车的发展等。本报告主要从两个方面对制度环境进行考察：一是国家人工智能发展政策与规划的完备性，二是对人工智能伦理、标准、隐私等内容的政策关注度。

人工智能创新制度指标排名前十的国家分别是美国、英国、澳大利亚、新加坡、日本、中国、法国、卢森堡、葡萄牙、比利时（图4-12）。

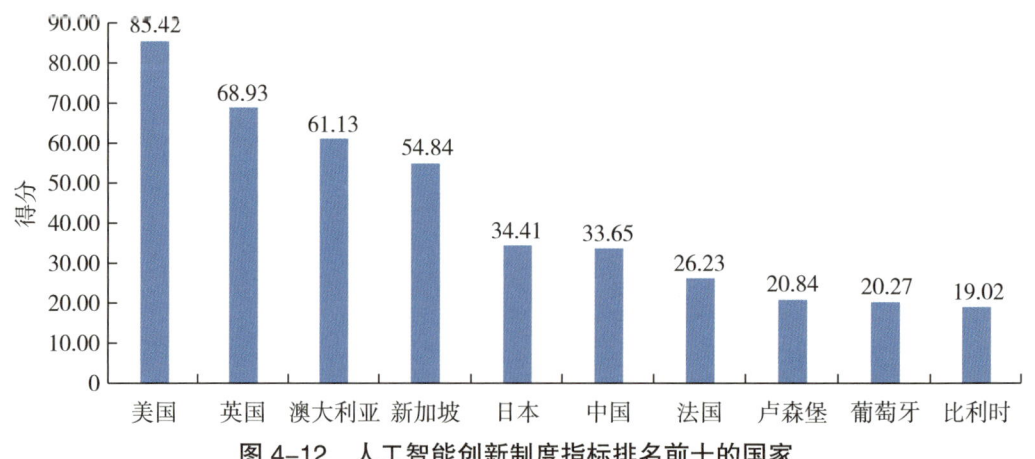

图 4-12 人工智能创新制度指标排名前十的国家

（一）国家人工智能发展政策与规划

国家人工智能发展政策与规划方面旨在刻画各国的战略侧重点，通过对政策文本的分析，定量测度各国在投资、教育和应用3个方面的布局强度。本报告共搜集到46个国家的410份政策规划。其中，美国发布的政策规划数量最多，共44项，其次为英国，共38项，澳大利亚、新加坡、中国、日本、法国、卢森堡等国家发布的政策规划数量为10~30项。各参评国家政府发展人工智能具体评价指标得分情况如图4-13所示。

参评国家在人工智能发展政策与规划方面可以分成4个梯队，第一梯队为美国、英国、澳大利亚、新加坡、日本、中国、法国7个国家；第二梯队为卢森堡、比利时、葡萄牙、芬兰、加拿大、荷兰、印度、立陶宛、捷克、爱沙尼亚、马耳他、丹麦、意大利；第三梯队为土耳其、西班牙、奥地利、瑞典、韩国、俄罗斯、以色列、匈牙利；其余国家为第四梯队。

第一梯队国家十分重视人工智能发展政策与规划，发布相关政策数量多且具备可操作性。第一梯队国家发表关于人工智能的政策和规划数量较多，既有官方出台的政策，又有智库机构发表规划，既有宏观的整体政策和规划，又有针对某一特殊领域或特殊目的的政策和规划。此外，大多数第一梯队国家中的政策和规划不仅指明了本国人工智能发展的方向，还列出了要具体优先发展的领域及实施的步骤，具备很强的可操作性。

第二梯队国家十分重视本国的人工智能发展布局，制定了相应的政策规划，但是相对于第一梯队国家，第二梯队国家在细分领域规划及部署不及第一梯队国家完备。第二梯队国家发表了较多人工智能方面的政策，涵盖主题广泛，如荷兰发布了6个与人工智能相关的政策和规划，涉及人工智能发展的战略规划、算法研发、人工智能研发联盟设立等主题，但在细节方面与第一梯队国家相比还有待完善。

第三梯队国家也比较重视本国的人工智能发展，但与第一梯队和第二梯队国家相比，无论是在政策和规划的数量、完备性方面，还是在政策和规划的可操作性方面，都有一定差距。例如，匈牙利发布了5个政策文件，但是只有2个政策文件直接关系到本国人工智能发展规划，其他文件并不与人工智能发展直接相关，只是文件中的部分内容涉及人工智能。

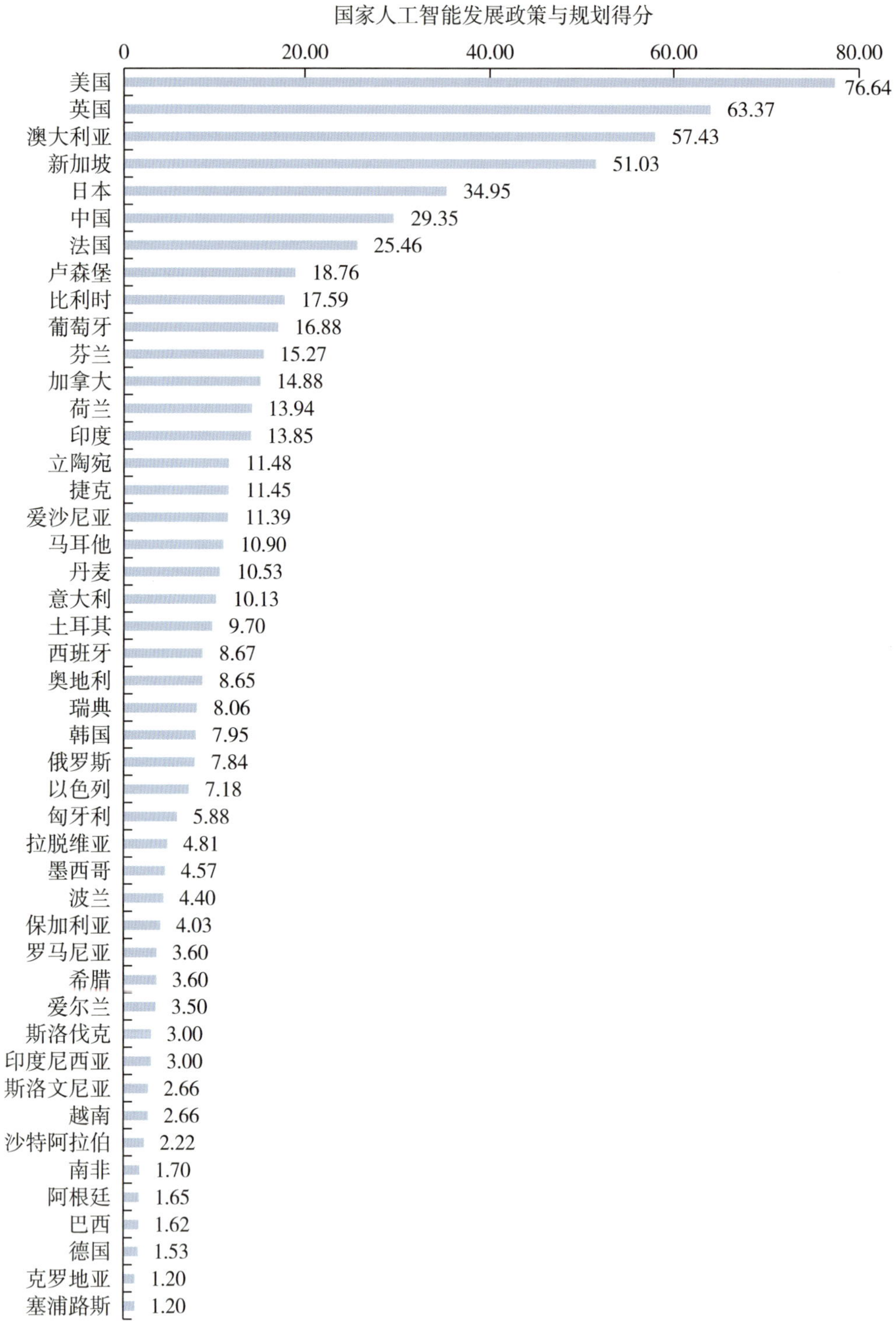

国家人工智能发展政策与规划得分

美国	76.64
英国	63.37
澳大利亚	57.43
新加坡	51.03
日本	34.95
中国	29.35
法国	25.46
卢森堡	18.76
比利时	17.59
葡萄牙	16.88
芬兰	15.27
加拿大	14.88
荷兰	13.94
印度	13.85
立陶宛	11.48
捷克	11.45
爱沙尼亚	11.39
马耳他	10.90
丹麦	10.53
意大利	10.13
土耳其	9.70
西班牙	8.67
奥地利	8.65
瑞典	8.06
韩国	7.95
俄罗斯	7.84
以色列	7.18
匈牙利	5.88
拉脱维亚	4.81
墨西哥	4.57
波兰	4.40
保加利亚	4.03
罗马尼亚	3.60
希腊	3.60
爱尔兰	3.50
斯洛伐克	3.00
印度尼西亚	3.00
斯洛文尼亚	2.66
越南	2.66
沙特阿拉伯	2.22
南非	1.70
阿根廷	1.65
巴西	1.62
德国	1.53
克罗地亚	1.20
塞浦路斯	1.20

图 4-13 人工智能发展政策与规划指标得分情况

第四梯队国家在国家层面上对人工智能发展政策和规划关注度不够，相关的政策和规划只涉及人工智能发展的局部问题。相对于前三个梯队国家，第四梯队国家更注重短期内人工智能的发展，发展人工智能的目标多是保障其在全球人工智能发展中不掉队，促进经济发展，因此政府将焦点集中在人工智能的应用上，而非全方面部署人工智能的发展。例如，斯洛伐克只发布了1个相关政策文件，且主要关注数字转型而非人工智能，文件中只提及支持人工智能在经济和教育行业的发展，而没有对人工智能发展的整体规划。

（二）国家人工智能社会治理

随着人工智能的迅速发展，越来越多的国家开始着眼于人工智能伦理、隐私保护、安全评估等方面的讨论和研究，并着手制定相关政策法规，以便有效地防范人工智能可能对经济社会产生的负面影响。本报告从伦理、标准、隐私3个方面对各国的国家人工智能社会治理进行评价。各个国家政府的国家人工智能社会治理得分情况如图4-14所示。

参评国家在国家人工智能社会治理方面可以分成3个梯队，第一梯队为美国、英国、澳大利亚、新加坡、中国、日本、法国、葡萄牙、卢森堡、加拿大、爱沙尼亚、比利时等得分大于20分的国家；第二梯队为芬兰、荷兰、丹麦、印度、捷克、越南、立陶宛、马耳他、以色列、俄罗斯、奥地利、意大利、瑞典等得分为10~20分的国家；第三梯队为得分小于10分的其他国家。

第一梯队国家格外重视安全评估框架、伦理相关政策、个人隐私保护等问题，均发布了涉及人工智能社会治理的政策文本。例如，美国的44个政策规划中有5个政策文件专门针对人工智能伦理问题，具体包括劳动力政策（workforce）、人工智能伦理原则（DoD）、相关技术规范政策（regulation）等。英国的38个政策皆涉及人工智能社会治理。

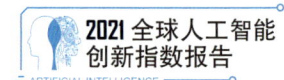

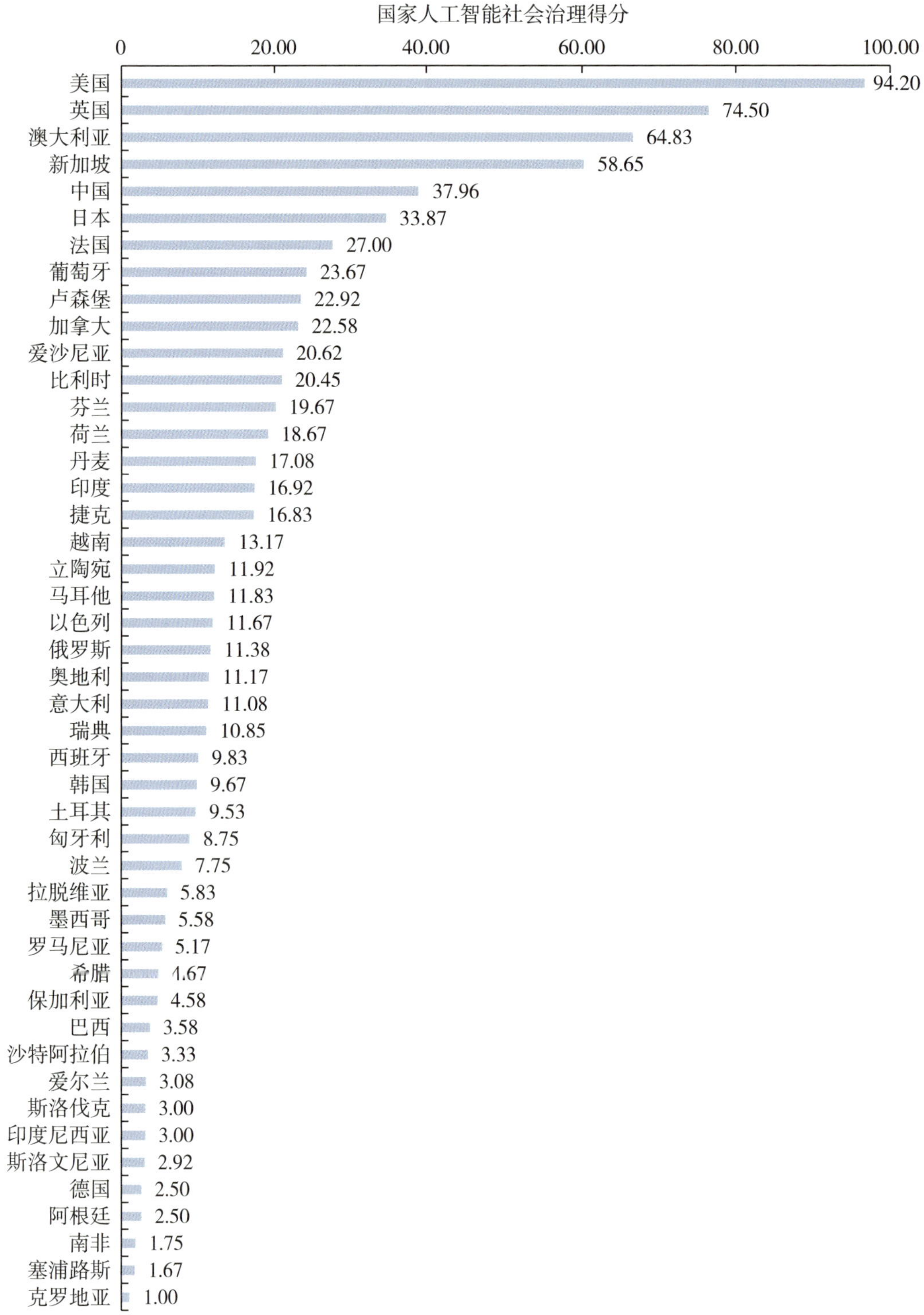
国家人工智能社会治理得分
0
20.00
40.00
60.00
80.00
100.00
美国 94.20
英国 74.50
澳大利亚 64.83
新加坡 58.65
中国 37.96
日本 33.87
法国 27.00
葡萄牙 23.67
卢森堡 22.92
加拿大 22.58
爱沙尼亚 20.62
比利时 20.45
芬兰 19.67
荷兰 18.67
丹麦 17.08
印度 16.92
捷克 16.83
越南 13.17
立陶宛 11.92
马耳他 11.83
以色列 11.67
俄罗斯 11.38
奥地利 11.17
意大利 11.08
瑞典 10.85
西班牙 9.83
韩国 9.67
土耳其 9.53
匈牙利 8.75
波兰 7.75
拉脱维亚 5.83
墨西哥 5.58
罗马尼亚 5.17
希腊 4.67
保加利亚 4.58
巴西 3.58
沙特阿拉伯 3.33
爱尔兰 3.08
斯洛伐克 3.00
印度尼西亚 3.00
斯洛文尼亚 2.92
德国 2.50
阿根廷 2.50
南非 1.75
塞浦路斯 1.67
克罗地亚 1.00

图 4-14　人工智能社会治理指标得分情况

第二梯队国家关于人工智能社会治理的政策内容不如第一梯队细致。例如，俄罗斯、意大利没有发布人工智能的伦理、隐私和标准方面的专门规划；印度发布了1项针对人工智能教育的规划，规划中涉及青少年教育，提议建立一个帮助年轻学生更好地接受包括人工智能在内新科技的网络平台；越南发布了1项针对人工智能创业生态系统的规划，该规划由越南科技部主导，涉及基于知识产权（IP）的具有高增长潜力的新企业创建、发展创造有利社会和商业环境。上述这些政策规划对人工智能的伦理、标准、监管等社会治理方面都有所涉及，但内容不如第一梯队国家详细。

第三梯队国家缺乏国家层面的人工智能社会治理政策。第三梯队国家对人工智能社会治理问题基本处于讨论或计划之中，尚未形成全面的可实际操作的规范，或者多是在相关文件中初步讨论了人工智能社会治理问题或正在规划解决人工智能社会治理问题。

※ 人工智能创新制度与新冠病毒感染疫情

新冠病毒感染疫情暴发以来，人工智能技术和工具在应对疫情危机的各个方面都发挥着关键作用，包括在了解病毒并加快药物和治疗方法的医学研究、检测和诊断病毒并预测其演变、通过监控和接触者追踪协助预防或减缓病毒的传播、通过个性化信息应对健康危机、监测恢复并改进预警工具等。

面对疫情，OECD出台相应的人工智能应对疫情的倡议，以鼓励人工智能界、医疗界、开发人员和决策者在国家和国际两个层面开展合作，通过使用人工智能工具和技术，帮助决策者和医学界了解COVID-19病毒，快速诊断和预防病毒传播，监测经济危机和复苏，识别、发现和接触弱势、高风险的个人，加快医护人员的培训和教育，打击谣言和错误信息，识别病毒传播链并监测更广泛的经济影响，预测可能治疗COVID-19的新旧药物或治疗方法等。

作为当前全球人工智能的巨头，美国也正在利用包括增加对数据和计算资源的访问等人工智能相关技术来应对新冠病毒感染疫情大流行。美国发表了2个与人工智能相关的政策文本，涉及白宫科技政策办公室、美国能源部、美国国家科学基金会、橡树岭国家实验室等机构。上述政策文本主要内容包括：呼吁人工智能社区开发可帮助研究人员总结和分析数据集的人工智能工具和技术、使用人工智能和高性能计算来加速 COVID-19 治疗和疫苗研究、建立 COVID-19 高性能计算联盟为 COVID-19 研究人员提供免费计算时间和资源等。

此外，以色列也发布了 1 个与人工智能相关的政策文本，涉及以色列卫生部、马卡比医疗保健等机构。涉及监测 COVID-19 症状、识别高危患者并提供即时检测等内容。

第五章
人工智能科技研发

人工智能是引领未来的战略性技术，特别是进入新一轮发展热潮之后，主要国家都将人工智能基础理论和核心技术的突破作为战略部署的重点，陆续成立一批人工智能研究中心，配套相应的科研计划与项目来促进人工智能的科技研发。全球人工智能学术界和产业界的创新产出快速增长，本章从人工智能学术论文和人工智能专利两个维度来衡量各国人工智能科技研发水平。

一、人工智能科技研发总体情况

人工智能科技研发包含人工智能学术论文和人工智能专利2个二级指标。其中，人工智能学术论文由本科及以上入学人口人均人工智能论文产出量、人工智能顶级论文量和人工智能全球TOP100高被引论文占比3个三级指标构成；人工智能专利由人均人工智能专利申请量、人均人工智能专利授权量、人均5G专利申请量及人均5G专利授权量4个三级指标构成。一级指标、二级指标、三级指标得分情况如图5-1所示。

从一级指标看，参评国家在人工智能科技研发上呈现中国、美国、韩国"三足鼎立"的现象，大部分国家研发能力较弱。西班牙、葡萄牙等33个国家科技研发能力较差，得分处于10分以下，为第三梯队；新加坡、卢森堡、澳大利亚等10个国家科技研发能力相对一般，得分处于10~30分，为第二梯队；第一梯队只包含了中国、美国、韩国3个国家，这3个国家在科技研发上的领先优势相当明显，其中中国与美国的科技研发能力不相上下。

国家	人工智能科技研发	人工智能学术论文			人工智能专利			
		人均人工智能论文产出量	人工智能顶级论文量	人工智能全球TOP100高被引论文占比	人均人工智能专利申请量	人均人工智能专利授权量	人均5G专利申请量	人均5G专利授权量
中国	59.00	30.68	100.00	100.00	79.38	54.22	18.75	12.07
美国	57.33	22.27	66.84	100.00	41.65	100.00	17.23	47.59
韩国	49.74	75.22	8.68	40.00	74.23	100.00	22.03	36.43
新加坡	22.76	100.00	6.76	20.00	11.91	0.00	1.13	0.00
卢森堡	21.92	100.00	0.08	0.00	16.13	25.81	0.00	0.00
澳大利亚	16.80	29.06	8.36	40.00	11.70	13.27	2.09	4.10
英国	15.66	30.09	11.68	50.00	2.78	0.00	0.12	0.00
土耳其	14.78	7.28	0.68	80.00	0.57	0.00	0.36	0.00
加拿大	13.14	39.40	6.16	30.00	3.79	0.00	0.58	0.00
印度	12.45	7.08	6.56	60.00	1.16	0.00	0.22	0.00
日本	11.75	22.88	5.36	10.00	24.71	11.12	6.22	0.95
德国	11.14	27.32	8.36	10.00	19.25	6.98	1.56	0.46
意大利	10.96	41.51	4.04	20.00	0.12	0.00	0.15	0.00
西班牙	9.48	28.51	3.04	20.00	2.03	3.03	0.78	1.30
葡萄牙	8.32	49.46	0.32	0.00	0.19	0.00	0.00	0.00
奥地利	8.11	26.44	1.08	20.00	1.52	0.00	0.00	0.00
荷兰	7.97	25.02	1.28	20.00	1.83	0.00	0.22	0.00
瑞典	7.97	30.26	0.68	0.00	6.40	0.00	16.09	0.00
爱尔兰	7.80	36.17	0.60	10.00	0.00	0.00	0.00	0.00
芬兰	7.76	31.47	0.88	0.00	6.57	0.00	12.41	0.00
斯洛文尼亚	7.00	41.74	0.28	0.00	0.00	0.00	0.00	0.00
以色列	6.82	29.16	3.32	0.00	10.28	0.48	0.48	0.00
法国	6.11	19.80	5.32	10.00	1.84	0.00	0.20	0.00
丹麦	5.59	26.38	0.72	0.00	7.93	0.66	0.00	0.00
塞浦路斯	5.54	33.14	0.08	0.00	0.00	0.00	0.00	0.00
爱沙尼亚	5.52	33.06	0.04	0.00	0.00	0.00	0.00	0.00
马耳他	5.09	30.50	0.04	0.00	0.00	0.00	0.00	0.00
罗马尼亚	5.07	29.84	0.24	0.00	0.45	0.00	0.00	0.00
希腊	5.06	20.19	0.20	10.00	0.00	0.00	0.00	0.00
波兰	4.77	17.16	1.32	10.00	0.16	0.00	0.00	0.00
比利时	4.27	23.73	1.16	0.00	0.20	0.78	0.00	0.00
匈牙利	3.90	22.58	0.20	0.00	0.85	0.00	0.00	0.00
斯洛伐克	3.84	22.94	0.08	0.00	0.00	0.00	0.00	0.00
克罗地亚	3.43	20.46	0.12	0.00	0.00	0.00	0.00	0.00
立陶宛	3.23	19.39	0.00	0.00	0.00	0.00	0.00	0.00
沙特阿拉伯	2.16	12.34	0.64	0.00	0.00	0.00	0.00	0.00
拉脱维亚	2.02	10.61	0.00	0.00	2.03	0.00	0.00	0.00
越南	1.65	9.27	0.28	0.00	0.28	0.00	0.17	0.00
俄罗斯	1.49	6.20	0.52	0.00	2.27	0.49	0.22	0.00
巴西	1.20	5.48	1.48	0.00	0.14	0.02	0.09	0.05
保加利亚	1.18	7.04	0.04	0.00	0.00	0.00	0.00	0.00
南非	0.97	5.61	0.12	0.00	0.09	0.00	0.00	0.00
墨西哥	0.88	4.98	0.32	0.00	0.00	0.00	0.00	0.00
印度尼西亚	0.24	1.45	0.00	0.00	0.00	0.00	0.00	0.00
阿根廷	0.16	0.90	0.04	0.00	0.00	0.00	0.00	0.00
捷克	0.05	0.00	0.00	0.00	0.37	0.00	0.00	0.00

图 5-1 参评国家人工智能科技研发的各级指标得分情况（圆形大小：指数得分）

从二级指标看，大部分国家的学术能力和技术研发能力相对一致，46个国家中27个国家在人工智能学术论文和人工智能专利两项二级指标的排名差都不超过10名。其中，中国、美国、韩国、新加坡、卢森堡、澳大利亚6个国家在人工智能科技研发整体水平及人工智能学术论文、专利两个二级指标都排名前十，表明上述国家的学术界和产业界都保持较高的创新活力。上述具有较高创新活力的6个国家中，中国、韩国等国家都来自东亚地区，反映了东亚地区在人工智能学术界和产业界具有一定的领先的创新优势。

从三级指标看，各国在各维度上都呈现明显的断层分布，尤其是论文方面。人工智能顶级论文量上，得分在60分以上的只有中国和美国两个国家，有27个国家得分在1分以下，剩余17个国家也仅在1~10分；人工智能全球TOP100高被引论文占比上，美国、中国以满分的成绩并列第一，而其余有28个国家得分为0分。反映出美国、中国在人工智能领域的学术研究能力领跑全球，而其他多数国家则面临着缺乏高质量学术研究的问题。人工智能专利方面，韩国、美国、中国、日本等国都具有各自的竞争优势。

中国、美国科研实力突出。两国在人工智能顶级论文量、人工智能全球TOP100高被引论文占比两项指标上均位于前两位。2020年，46个参评国家共发表人工智能相关论文15.8万篇，美中两国共计8.9万篇，占比超过50%。其中，在本次统计的7969篇顶级论文中，美中两国共计5690篇，占比超过70%；在统计的152篇高被引论文中，美中两国共计106篇，占比超过65%，遥遥领先其他参评国家。

韩国在专利方面具有明显优势。虽然韩国在人工智能顶级论文量、人工智能全球TOP100高被引论文占比等论文指标上逊色于中美两国，但在专利上却首屈一指，人均人工智能专利申请量和授权量，人均5G专利申请量和授权量，均排名前两位。其中，人均人工智能专利申请量、授权量分别为74.23项/百万劳动人口、77.05项/百万劳动人口，人均5G专利申请量、授权量分别为11.02项/百万劳动人口、7.29项/百万劳动人口。上述数据说明韩国在人工智能上具有核心技术的研发优势。

新加坡和卢森堡的优势主要体现在人均人工智能论文产出量上。由于人口基数的原因，新加坡和卢森堡两国的人均人工智能论文产出量指标均为满分，遥遥领先其他国家。此外，这两个小而精的国家，非常重视人工智能专利的申请，人均人工智能专利申请量分别排名第7位与第6位。但其他指标并不突出，如新加坡的人均人工智能专利授权量排名第 14 位,卢森堡的人工智能顶级论文量仅排名第 36 位,说明两国的专利质量一般,人工智能核心技术的研发能力较弱。

澳大利亚的人均人工智能专利授权量处于领先水平。和人均人工智能专利申请量相比,澳大利亚的人均人工智能专利授权量表现更好。澳大利亚人均人工智能专利授权量和人均 5G 授权量得分排名第 5 位和第 4 位,而人均人工智能专利申请量和人均 5G 专利申请量则分别排名第 8 位和第 7 位。通过对比可以看出,相比于人均专利申请量,澳大利亚在人均专利授权量上表现更佳,说明澳大利亚的专利质量整体上较优。

二、人工智能学术论文

人工智能学术论文,主要从人均人工智能论文产出量、人工智能顶级论文量与人工智能全球 TOP100 高被引论文占比 3 个角度进行考察。从人工智能学术论文总体水平看,中国、美国处于领先水平,居全球第 1 位、第 2 位,新加坡、韩国水平相近,分别排名第 3 位、第 4 位。值得注意的是,土耳其、印度两个国家,虽然创新指数总得分处于第四梯队,但在人工智能学术论文方面则跻身前十(图 5-2)。

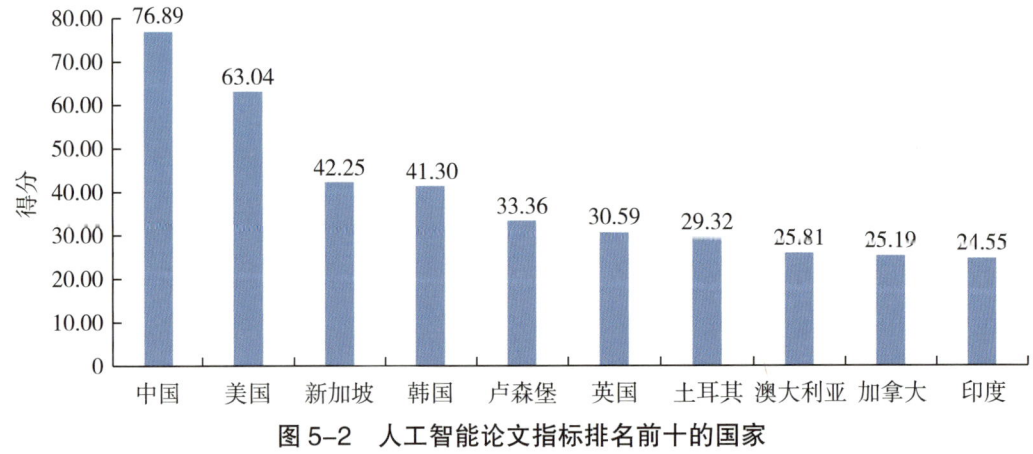

图 5-2 人工智能论文指标排名前十的国家

(一)人均人工智能论文产出量

人均人工智能论文产出量是指一个国家于统计周期内发表在会议及期刊上的人工智能论文总量与本科及以上入学人口数量之比。通过对人均人工智能论文产出量的分析研究，可以看出一个国家人工智能科技发展水平。参评国家人工智能论文产出情况如图 5-3 所示。

图 5-3　各参评国家人工智能论文产出情况

卢森堡与新加坡人均人工智能论文产出量领先优势明显。卢森堡和新加坡每百万本科及以上入学人口的人工智能论文产出量为 8217.63 篇和 6505.15 篇，标准化后得分均为 100 分，排名均居第 1 位。排名第 3 位的韩国每百万本科及以上入学人口的人工智能论文产出量为 3760.87 篇，仅占新加坡的 50% 左右。加拿大等 40 个国家的人均人工智能论文产出量都低于 2000 篇 / 百万本科及以上入学人口。

中美两国人均人工智能论文产出量不高，但论文产出总量处于领跑地位。中国、美国的每百万本科及以上入学人口的人工智能论文产出量分别为 1533.81 篇和 1113.57 篇，位居第 12 位和第 28 位，但两国的人工智能论文产出总量远超其他国家。

※ 人工智能论文主题、机构分析

跨学科、多领域融合的人工智能研究增多。人工智能学术论文涉及多个学科领域，体现了人工智能研究的学科交叉性。WOS 数据库中 2020 年人工智能学术论文学科主题分布情况如图 5-4 所示。从图中可以看出，人工智能论文的学科主题分布

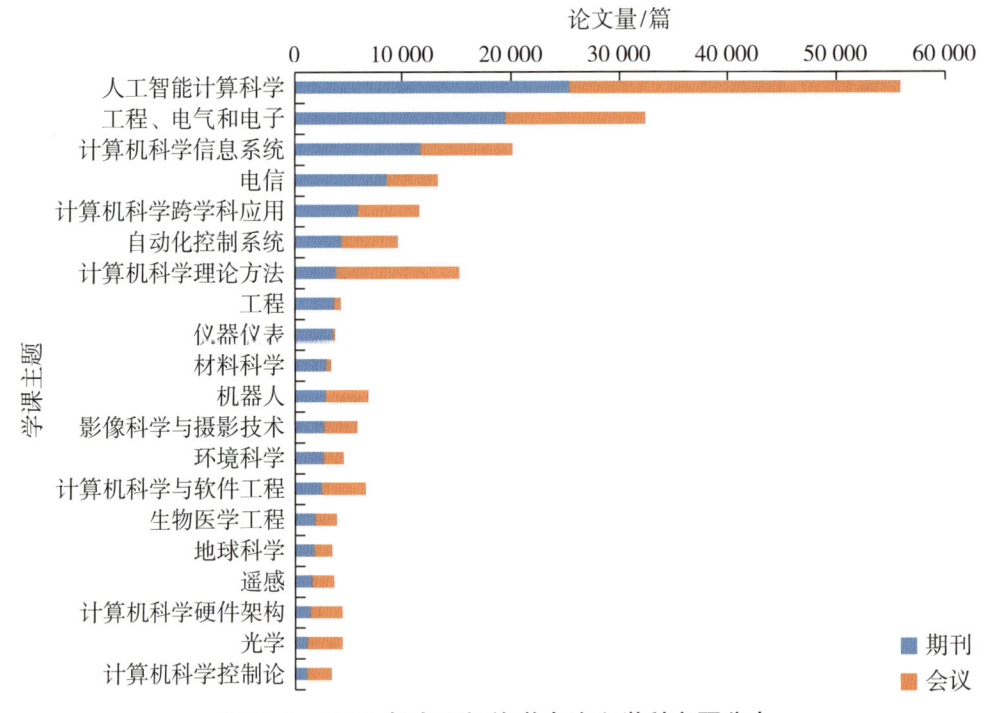

图 5-4　2020 年人工智能学术论文学科主题分布

比较广泛。集中在人工智能计算科学，工程、电气和电子，计算机科学信息系统等领域，也涉及仪器仪表、材料科学、环境科学、地球科学等多个学科主题。

世界各国的高等院校是人工智能研究的主力军。由表5-1和表5-2可知，各国的人工智能学术论文主要来自高等院校。在国外高等院校中，除美国外，各国公立高等院校表现优于私立院校，在中国，理工和技术类大学的表现要优于综合性大学。

表5-1 人工智能会议论文产出机构排名

排名	中国	美国	其他国家
1	中国科学院	卡内基梅隆大学	法国国家科学研究中心
2	中国科学院大学	斯坦福大学	印度理工学院
3	清华大学	哈佛大学	伦敦大学
4	上海交通大学	麻省理工学院	阿扎德大学
5	浙江大学	佐治亚理工学院	南洋理工大学
6	电子科技大学	密歇根大学	新加坡国立大学
7	哈尔滨工业大学	北卡罗来纳大学	国立首尔大学
8	杭州电子科技大学	南加州大学	东京大学
9	北京航空航天大学	加州大学伯克利分校	慕尼黑工业大学
10	北京大学	普渡大学	伦敦帝国学院

表5-2 人工智能期刊论文产出机构排名

排名	中国	美国	其他国家
1	中国科学院	卡内基梅隆大学	印度理工学院
2	中国科学院大学	麻省理工学院	法国国家科学研究中心
3	清华大学	加利福尼亚大学伯克利分校	南洋理工大学
4	上海交通大学	宾夕法尼亚大学	俄罗斯科学院
5	北京大学	伊利诺伊大学	伦敦大学
6	电子科技大学	北卡罗来纳大学	慕尼黑工业大学
7	浙江大学	密西根大学	新加坡国立大学

续表

排名	中国	美国	其他国家
8	北京邮电大学	哈佛大学	苏黎世联邦理工学院
9	北京航空航天大学	加利福尼亚大学洛杉矶分校	帝国理工学院
10	哈尔滨工业大学	马里兰大学	国立首尔大学

（二）人工智能顶级论文量

人工智能顶级论文量是指一个国家于统计周期内在人工智能顶级期刊和会议上发表的论文总数。其中，顶级期刊为 Web of Science《期刊引证报告》(Journal Citation Reports™，JCR)人工智能类别中影响因子排名前 5% 的期刊，顶级会议是中国计算机学会推荐的学术会议（人工智能）A 类会议，包括 AAAI（美国人工智能协会年会）、CVPR（IEEE 国际计算机视觉与模式识别会议）、ICCV（国际计算机视觉大会）、ICML（国际机器学习大会）、IJCAI（国际人工智能联合会议）、NeurIPS（神经信息处理系统大会）、NIPS（神经信息处理系统进展大会）和 ACL（计算语言学协会年会）。人工智能顶级期刊与会议是最新科研成果与发展趋势的集中体现，因此这一指标反映了一国科研人员在人工智能学术方面的竞争力。参评国家人工智能顶级论文量如图 5-5 所示。

中美两国领先优势明显，表现出较强的研究实力。中国人工智能顶级论文量为 4019 篇，排名第 1 位，美国人工智能顶级论文量为 1671 篇，排名第 2 位，而排名第 3 位和第 4 位的英国和韩国则分别为 292 篇和 217 篇，与中国和美国的差距较大。

国家间人工智能顶级论文量差距较大，近 1/2 的参评国家的人工智能顶级论文数量仅为个位数。以色列、西班牙、巴西等 14 个国家的顶级论文数量为两位数，墨西哥、葡萄牙、越南等 16 个国家的人工智能顶级论文数量仅为个位数字。

欧洲国家人工智能顶级论文数量表现不佳。相较于人均人工智能论文产出量排名前 10 位中占 7 个席位的优良表现，欧洲国家在顶级论文量上表现不尽人意，仅有英国、德国两个欧洲国家居前 10 位。排名靠后的立陶宛顶级论文量甚至为 0。

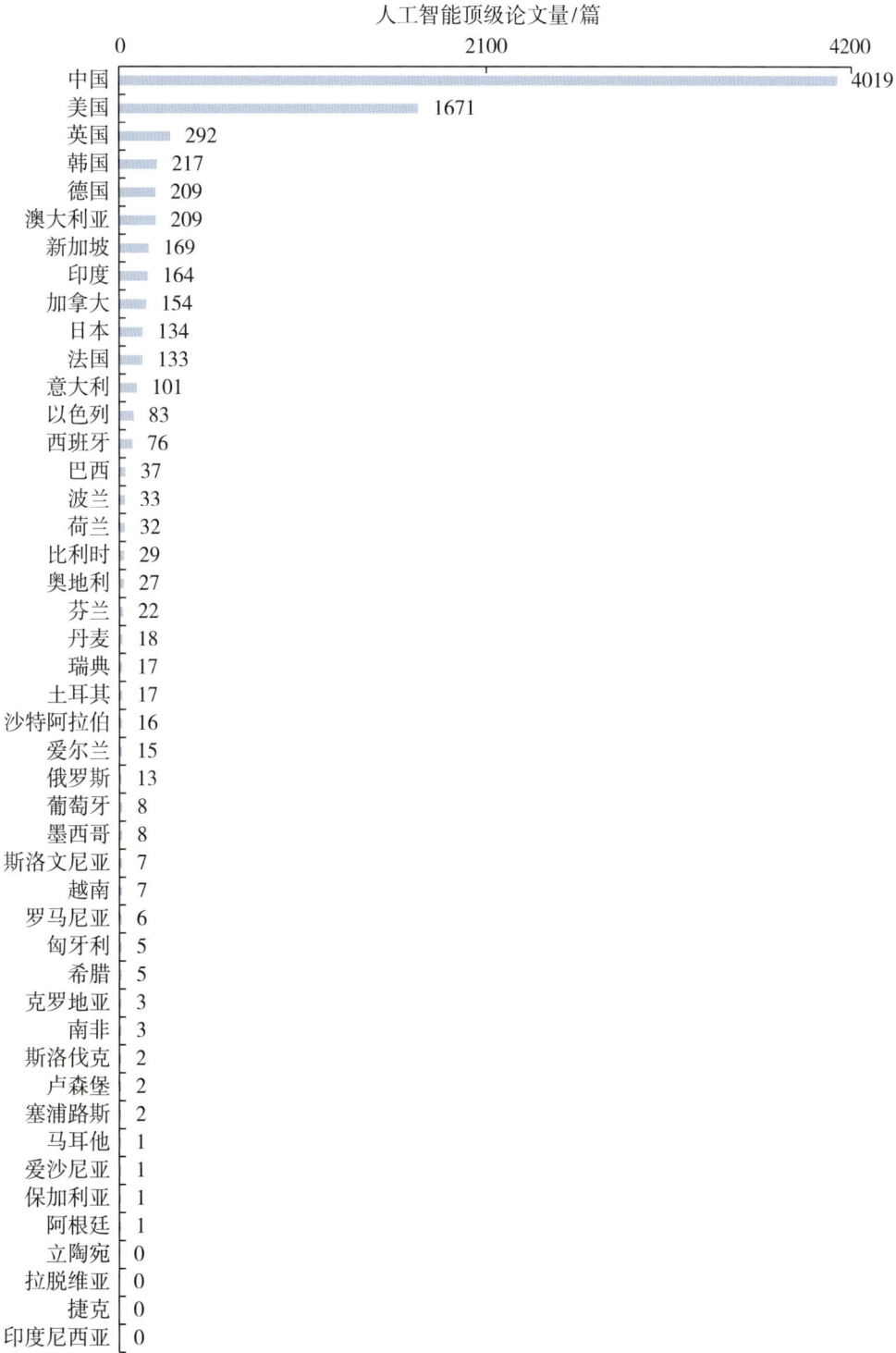

图 5-5　参评国家人工智能顶级论文量

（三）人工智能全球 TOP100 高被引论文占比

人工智能全球 TOP100 高被引论文占比是指一个国家于统计周期内发表的被引次数排名全球前 100 位的论文数[①]占参评国家入选论文总数的比例，这一指标可以体现出一国在人工智能领域的科研影响力。2020 年参评国家人工智能全球 TOP100 高被引论文数量情况如图 5-6 所示。

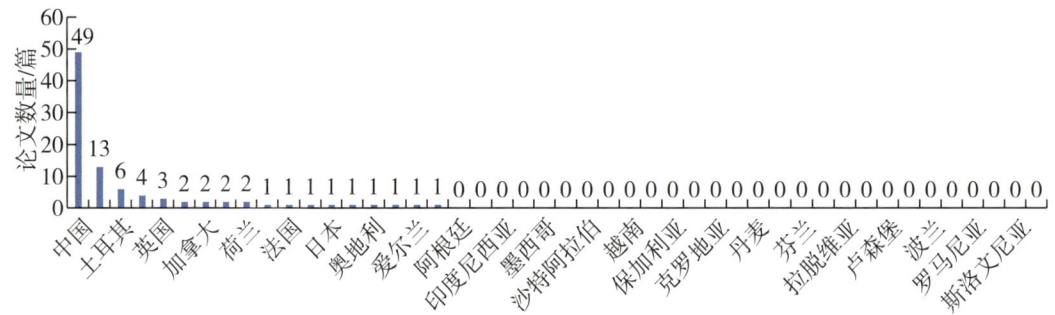

图 5-6　2020 年参评国家人工智能全球 TOP100 高被引论文数量情况

人工智能全球 TOP100 高被引论文主要集中在中国和美国。46 个参评国家共有 100 篇论文入选人工智能高被引论文全球 TOP100 排行，其中有 49 篇来自中国的文章入选，有 13 篇来自美国的文章入选，占了参评国家入选论文数的绝大部分。

上榜多为发达国家，部分参评国家榜上无名。除中国、土耳其和印度以外，人工智能全球 TOP100 高被引论文分属美国、英国、澳大利亚、加拿大、韩国、荷兰、德国、法国、意大利、日本、新加坡、奥地利、希腊、爱尔兰、西班牙 15 个发达国家，其余参评国家榜上无名。除 46 个参评国家之外，巴基斯坦、孟加拉国、伊朗、瑞士、卡塔尔、埃及也有论文进入 TOP100 高被引论文行列，这也反映出人工智能研究成为世界竞争热点，每一个国家都有可能成为潜在的竞争者。

---

① 论文的国别根据第一作者所在机构的所属国家进行统计，一篇论文可能属于多个国家。

※ 论文作者国家合作网络分析

在 2020 年度人工智能全球 TOP100 高被引论文中,中国学者参与的论文(一作或通讯作者)共有 86 篇,其中 38 篇由中国学者独立完成,48 篇由中国学者与国外学者合作完成,国际合作论文占比为 55.8%。相比 2019 年,国际合作论文比例有所下降,而独立完成论文比例有所上升。

2020 年,中国学者跟 17 个国家(地区)的学者有合作关系,既有美国、日本、韩国等人工智能发展水平排名较为靠前的国家(地区),也有科威特、卡塔尔等人工智能发展相对不充分的国家(地区)。其中,中国学者与美国学者合作最为紧密,合作篇数达 13 篇(图 5-7)。

图 5-7　2020 年人工智能全球 TOP100 高被引论文作者的国家(地区)合作网络

三、人工智能专利

人工智能专利,主要从人均人工智能专利申请量、人均人工智能专利授权量、人均 5G 专利申请量、人均 5G 专利授权量 4 个角度进行考察。从人工智能专利方面的整体表现看,韩国、美国、中国领先优势明显,其他排名前十的国家还有日本、卢森堡、澳大利亚、德国、瑞典、芬兰、新加坡(图 5-8)。

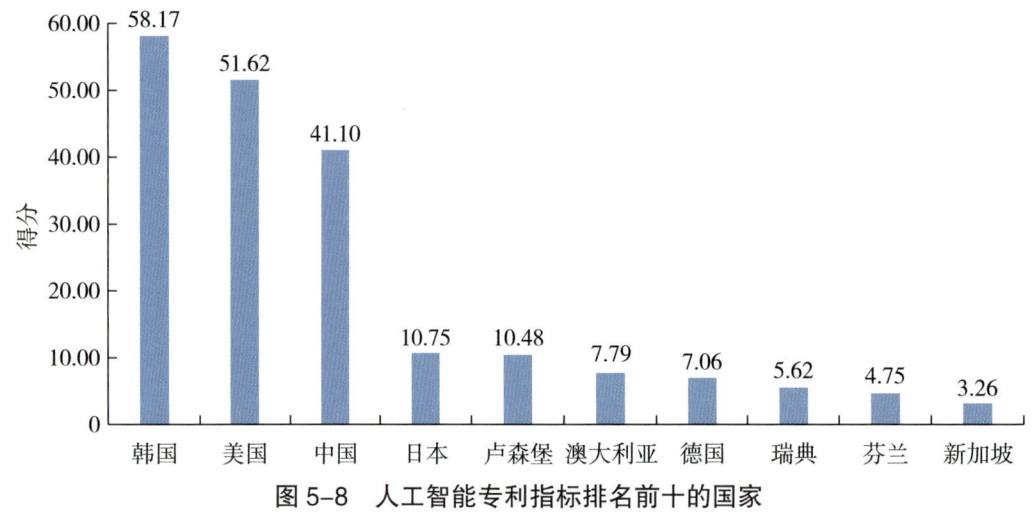

图 5-8 人工智能专利指标排名前十的国家

（一）人均人工智能专利申请量

人均人工智能专利申请量是指一个国家在一个统计周期内人工智能专利申请数量与该国劳动人口数量之比。专利是技术发展及应用水平的重要体现，人均人工智能专利申请量能直观体现出一国创新主体在人工智能领域的研发活力。参评国家人工智能专利申请情况如图 5-9 所示。

中国人均人工智能专利申请量的优势明显。中国人均人工智能专利申请量为 79.38 项/百万劳动人口，排名第 1 位。排名第 2 位的韩国人均人工智能专利申请量为 74.23 项/百万劳动人口，与中国差距不大。排名第 3 位、第 4 位的美国、日本人均人工智能专利申请量与中国、韩国差距较大，分别为 41.65 项/百万劳动人口与 24.71 项/百万劳动人口。排名第 5 位、第 6 位的德国和卢森堡在人均人工智能专利申请量上水平相近，分别为 19.25 项/百万劳动人口与 16.13 项/百万劳动人口。

中国、美国在总量指标和人均指标上均处于领先行列。从总量看，2020 年中国、美国的人工智能专利申请总量分别为 61 999 和 6909 项，远远高于其他国家。从人均水平看，中国、美国的总量优势弥补了人口基数的劣势，人均人工智能专利申请量也处于上游水平，分别排在第 1 位和第 3 位。

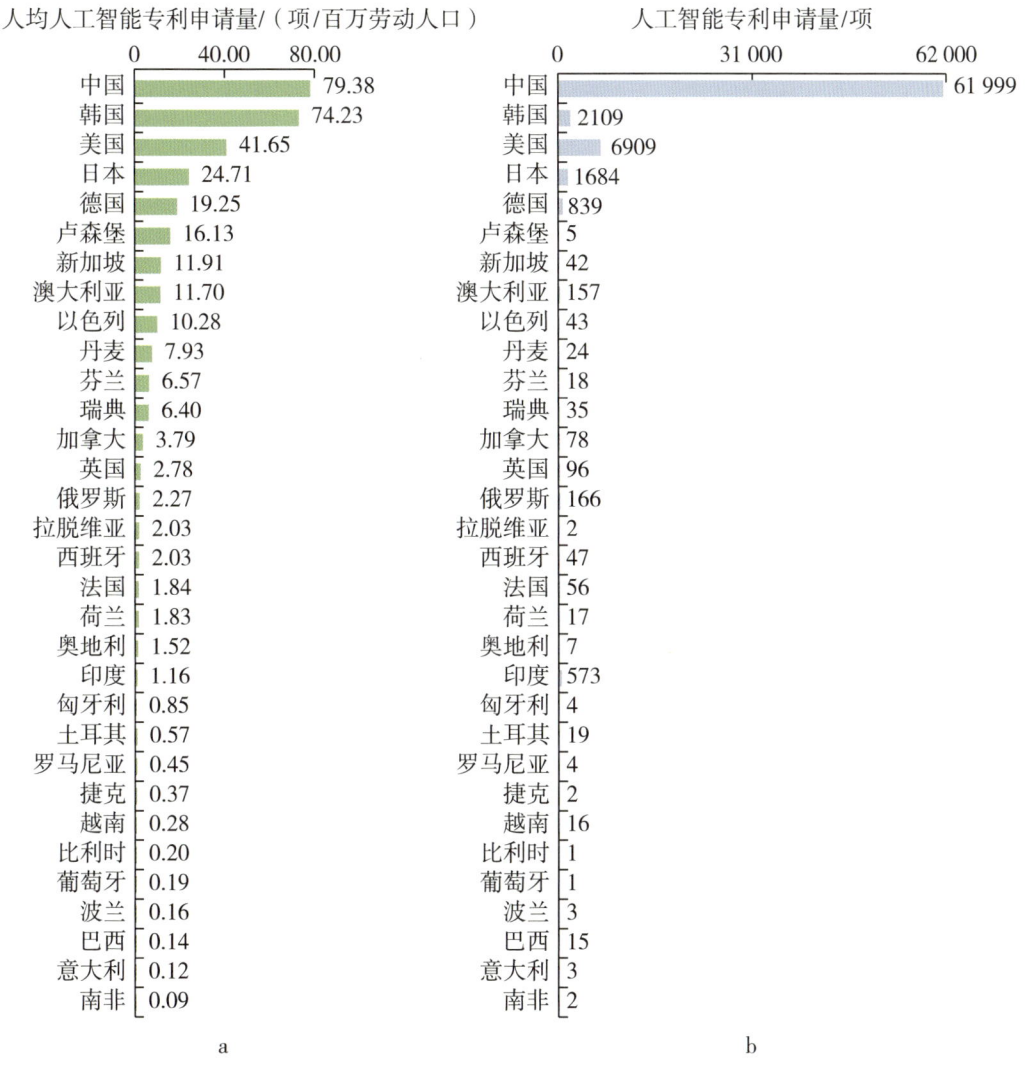

图5-9 参评国家人工智能专利申请情况（仅显示申请量大于0的国家）

※ 人工智能专利申请的学科分布

人工智能专利主要集中在工程、仪器仪表和计算机科学领域。如图5-10所示，2020年人工智能专利申请中工程、仪器仪表、计算机科学3个学科的占比最高。同时人工智能专利申请涉及几十个领域，包括化学等基础学科，学科交叉性很强。

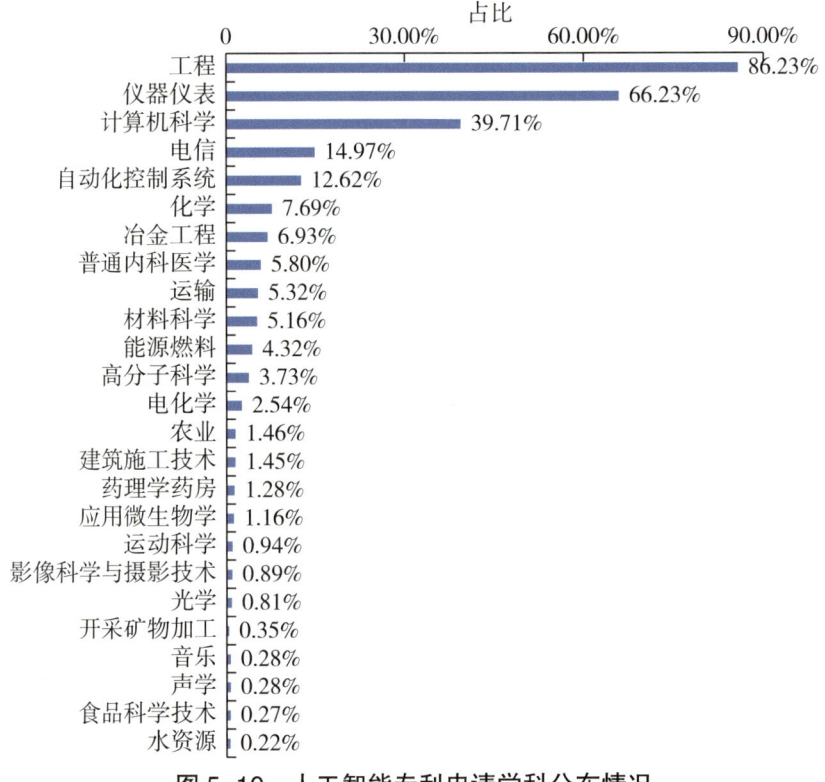

图 5-10 人工智能专利申请学科分布情况

（二）人均人工智能专利授权量

人均人工智能专利授权量是指一个国家在一个统计周期内人工智能专利授权数量与该国劳动人口数量之比。在所有申请的专利中，只有具备一定的新颖性、创造性和实用性，才会获得授权，因此专利授权量是更具含金量的指标，更能体现出人工智能核心技术的研发能力。人工智能专利授权量/项参评国家人工智能专利授权情况如图 5-11 所示。

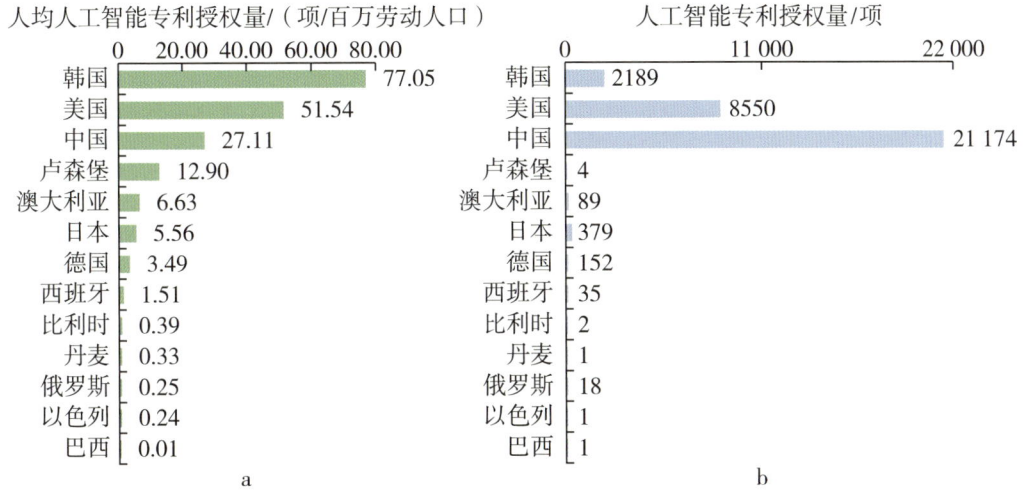

图 5-11　参评国家人工智能专利授权情况（仅显示授权量大于 0 的国家）

韩国的人均人工智能专利授权量居第 1 位。韩国在人均人工智能专利授权量上具有绝对领先的优势，2020 年授权量为 77.05 项/百万劳动人口。远高于在人均人工智能专利授权量排名第 2 位的美国（51.54 项/百万劳动人口）。中国和卢森堡的人均人工智能专利授权量分别排名第 3 位、第 4 位，但是相较于卢森堡在人均人工智能专利授权量上的表现优于申请量，中国却在人均人工智能专利授权量上的表现明显弱于申请量，一定程度上说明中国的人工智能专利质量相对不高，仍有待提升。

从总量看，中美两国领先，韩国授权量十分突出。中国的人工智能专利授权总量遥遥领先，约为美国的 2.5 倍、韩国的 9 倍。韩国的人工智能专利授权量在 2000 项左右，其余国家的人工智能授权量均远低于 1000 项，排名第 4 位的日本的人工智能专利授权量为 379 项，仅为排名第 3 位的韩国的 1/6 左右。

※ 人工智能授权专利国际合作网络

图 5-12 反映了人工智能授权专利国际合作网络，图中节点大小表示度中心性，即反映一国在人工智能授权专利国际合作网络中的重要性。从图中可以看出，美国在专利国际合作网络中居于核心位置，加拿大、德国等欧美国家的度中心性也较高，表明欧美国家十分重视国际合作。亚洲国家中，中国、印度的度中心性相对较高。

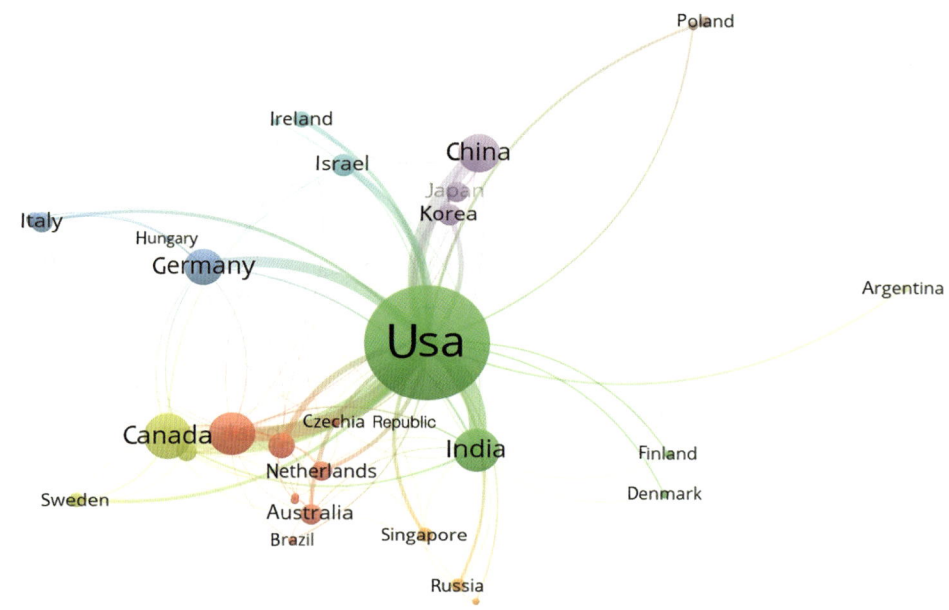

图 5-12　人工智能授权专利国际合作网络

从合作对象看，美国几乎和世界上所有开展人工智能研究的国家都有合作，或者换句话说，世界各国在人工智能领域中都和美国有过合作。而中国的主要合作者是美国，与其他国家的合作较少。

东亚国家的创新主体专利表现突出。如表 5-3 所示，中日韩 3 个国家的企业和高校具有较强的专利研发能力。在人工智能授权专利所属的主要机构中，前 10 位机构中有 6 家来自中国，1 家来自韩国，1 家来自日本，剩余 2 家来自美国。分国别看，中国人工智能专利授权量排名前 10 位的机构中高等院校占比较高，而美国、韩国则是企业占比较高。这在一定程度上表明了中国和美国、韩国在人工智能领域的专利起源、专利转化路径方面存在一定的差异，值得关注和进一步研究。

表 5-3　人工智能授权专利所属的主要机构（前 10 位）　　　　单位：项

全球机构	授权数量
国家电网	620
中国科学院	578
IBM 公司	552
三星电子公司	526
浙江大学	505

续表

全球机构	授权数量
索尼公司	459
百度公司	457
平安科技（深圳）有限公司	453
清华大学	441
谷歌公司	429
中国机构	授权数量
国家电网	620
中国科学院	578
浙江大学	505
百度公司	457
平安科技（深圳）有限公司	453
清华大学	441
天津大学	426
广东博智林机器人有限公司	401
格力集团	394
电子科技大学	391
美国机构	授权数量
IBM 公司	552
谷歌公司	429
微软公司	286
强生公司	207
亚马逊公司	195
英特尔公司	192
通用汽车公司	152
波音公司	134
Adobe 公司	121
X development 公司	106
韩国机构	授权数量
三星电子公司	526
LG 电子公司	294
现代汽车公司	156
韩国科学技术院	142
韩国电子通信研究院	136

续表

韩国机构	授权数量
起亚汽车	131
韩国电力公司	56
高丽大学	56
延世大学	55
庆北大学	48

（三）人均 5G 专利申请量

人均 5G 专利申请量是指一个国家在一个统计周期内 5G 专利申请数量与该国劳动人口数量之比。5G 作为与人工智能密切相关的技术，其发展水平也将影响到人工智能技术本身的研发应用。因此，将 5G 专利也作为国家人工智能专利研发能力的衡量指标之一。参评国家 5G 专利申请情况如图 5-13 所示。

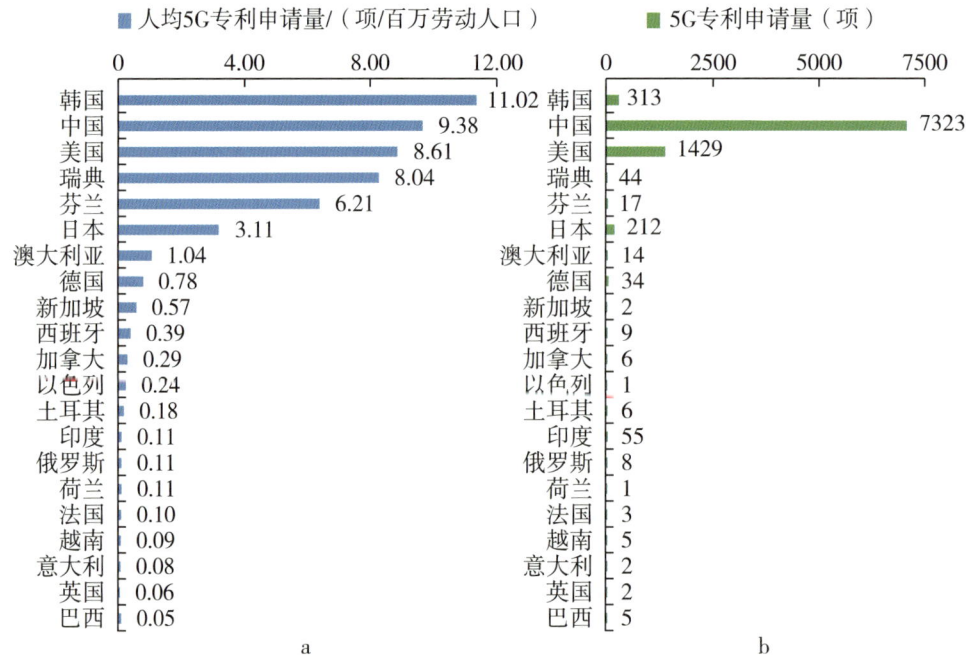

图 5-13　参评国家 5G 专利申请情况（仅显示授权量大于 0 的国家）

韩国人均 5G 专利申请量领先优势明显，中国 5G 专利申请总量最多。韩国人均

5G专利申请量为11.02项/百万劳动人口，排名第1位，中国专利申请总量遥遥领先，为7323项，约为美国的5倍。

发展中国家在5G领域正努力赶超发达国家。在人均5G专利申请量排名前20位的国家中，有6个是发展中国家，有14个是发达国家。与人均人工智能专利申请量排名前20名中有19个都是发达国家这一现象相比，发达国家在人均5G专利申请量上尚未形成绝对优势。

亚洲国家、欧洲国家在5G专利申请总量上表现突出。从总量上看，5G专利申请总量排名前10位的国家中有4个为亚洲国家，分别是韩国、中国、日本、印度；4个为欧洲国家，分别是瑞典、芬兰、德国、西班牙。从中可以看出，亚洲与欧洲整体上5G研发能力较强。

（四）人均5G专利授权量

人均5G专利授权量是指一个国家在一个统计周期内5G专利授权数量与该国劳动人口数量之比。人均5G专利授权量可以反映5G专利申请的质量，体现出一个国家5G技术的发展水平。

美国、韩国、中国的人均5G专利授权量和总量均排名前3位。具体来看，美国的人均5G专利授权量高达9.52项/百万劳动人口，排名第1位，领先优势明显，5G专利授权量为1579项，排名第2位。韩国的人均5G专利授权量为7.29项/百万劳动人口，排名第2位，5G专利授权总量为207项，排名第3位。中国5G专利授权总量为1886项，排名第1位，但因人口众多，人均5G专利授权量仅为2.41项/百万劳动人口，排名第3位（图5-14）。

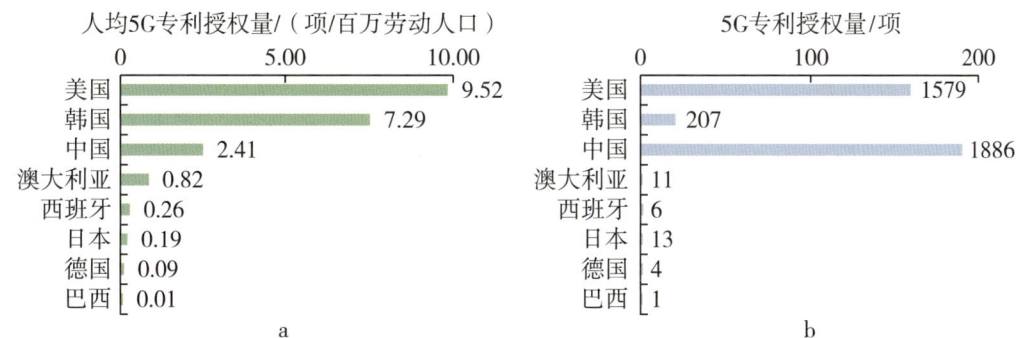

图5-14　5G专利授权量与人均5G专利授权量（仅显示授权量大于0的国家）

※5G 授权专利所属主要机构

中国和美国企业是主要的 5G 专利贡献者。如表 5-4 所示，在全球 5G 专利授权量排名前 10 位的机构中，3 家机构来自中国，3 家机构来自美国，韩国、日本、瑞典各占 1 席。

表 5-4　全球 5G 专利授权量前十的机构

全球机构	授权数量
三星电子公司	348
高通公司	270
日本电信电话公司	270
华为技术有限公司	266
爱立信公司	242
美国电话电报公司	182
国家电网	147
英特尔公司	141
诺基亚科技公司	141
步步高电子公司	137

企业是中国 5G 专利研发的主力军。如前文所述，中国人工智能专利研发方面，高校的整体表现优于企业，而 5G 的情况则恰好相反。如表 5-5 所示，在中国 5G 专利授权量最多的 10 家机构中，企业占有 8 个席位，仅有 2 家是高校。这一现象在一定程度上也反映出相比中国人工智能企业，中国通信企业的技术研发动力和能力更强。

表 5-5　中国 5G 专利授权量前十的机构

机构名称	授权数量
华为技术有限公司	266
国家电网	147
步步高电子公司	137
中兴通讯公司	93
重庆邮电大学	86
中国电信	84

续表

机构名称	授权数量
中国移动	80
OPPO广东移动通信有限公司	72
杭州海康威视数字技术股份有限公司	55
北京邮电大学	50

※5G授权专利中的国家合作网络

5G授权专利国际合作网络如图5-15所示。从图中可以看出，美国在专利国际合作网络中度中心性最高，是5G专利合作中最核心的国家。此外，德国、中国、

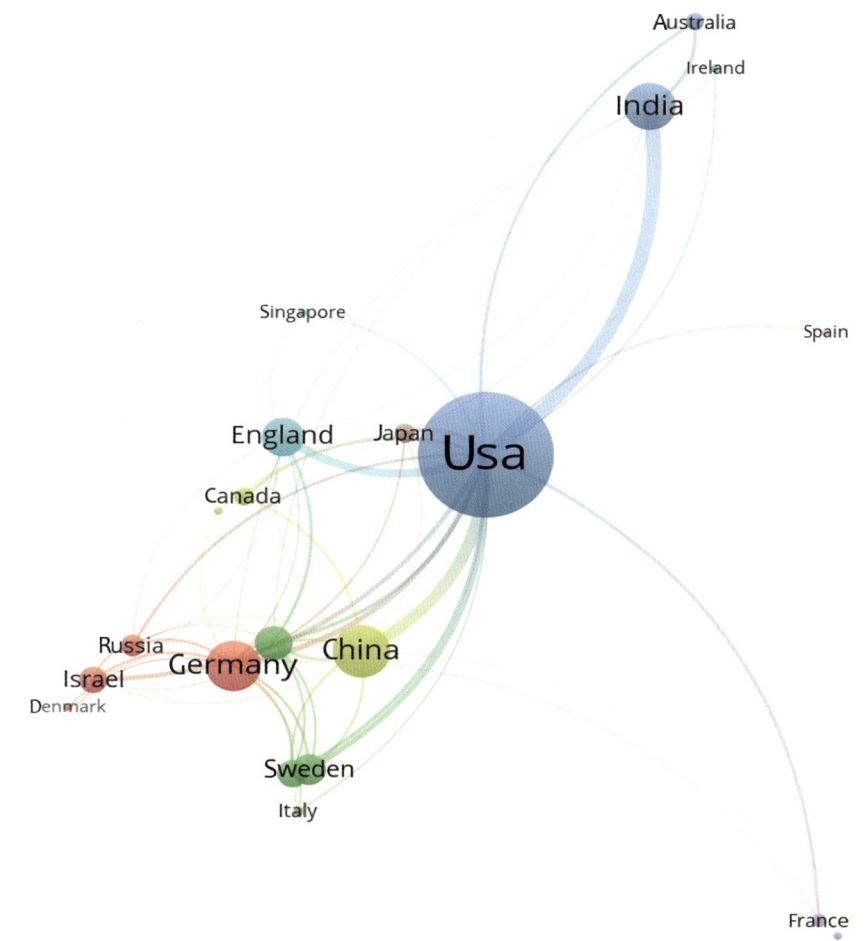

图5-15 2020年5G授权专利国际合作网络

英国、瑞典等的网络度中心性也很高，也是中心结点，在国际合作中扮演着重要的角色。但是，与2019年的合作情况（图5-16）相比，在5G专利的合作方面，中国从合作网络中最核心的国家，降低到了第3位，与美国对中国科技产业的制裁存在着一定的关系。

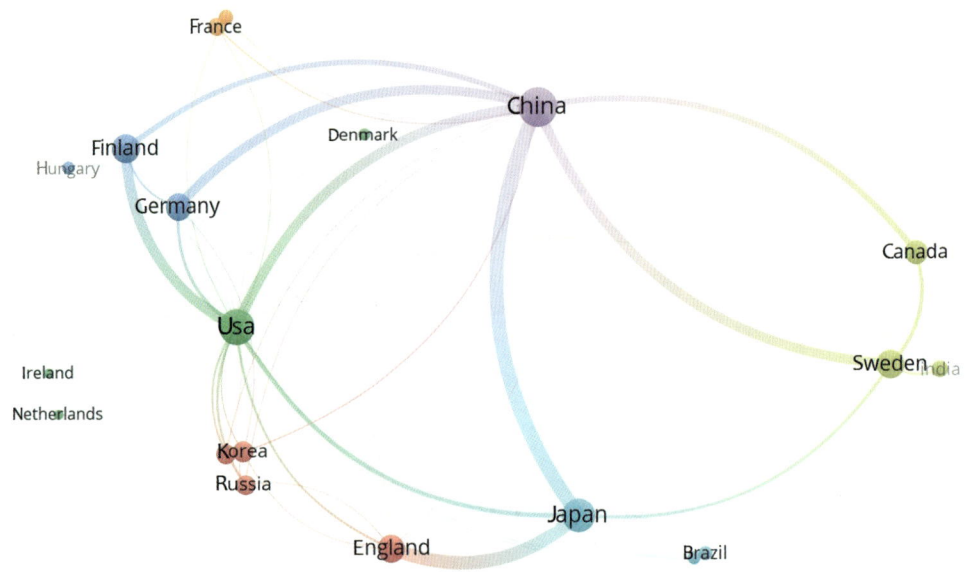

图 5-16　2019 年 5G 授权专利中的国家合作网络

第六章
人工智能产业与应用

随着新经济浪潮的涌现，新技术发展的推动，全球人工智能产业方兴未艾，应用层出不穷，诸如计算机视觉、机器学习、自然语言处理、智能机器人等一时炙手可热，成为时代追捧的风口之一。各国人工智能产业的迅速发展离不开资本市场的融资支持，更离不开各国政府的高度重视和政策助力。本章结合最新实际，从人工智能产业和人工智能应用两个方面，对各国人工智能产业与应用的发展情况予以评价。

一、人工智能产业与应用总体情况

本报告中，人工智能产业应用这个一级指标包含了人工智能产业和人工智能应用2个二级指标。其中，人工智能产业二级指标由人工智能企业数量、人工智能企业平均融资金额、人工智能上市企业数量、人工智能从业人员人口参与率4个三级指标构成；人工智能应用二级指标由集成电路盈利水平、物联网TOP500企业占比2个三级指标构成。参评国家人工智能产业与应用各级指标得分情况如图6-1所示。

国家	人工智能产业与应用	人工智能产业				人工智能应用	
		人工智能企业数量	人工智能企业平均融资金额	人工智能上市企业数量	人工智能从业人员人口参与率	集成电路盈利水平	物联网TOP500企业占比
美国	60.60	100.00	100.00	63.00	7.28	7.25	100.00
中国	56.55	88.00	100.00	60.00	0.42	1.97	100.00
英国	33.79	80.50	100.00	6.00	3.34	4.23	36.00
法国	28.45	29.70	100.00	3.00	1.23	4.84	42.00
德国	25.89	35.70	85.41	0.00	1.09	4.44	38.00
加拿大	24.30	46.50	100.00	12.00	3.41	4.26	12.00
以色列	22.29	34.10	100.00	6.00	13.31	4.47	8.00
日本	21.84	21.40	63.05	11.00	0.84	7.20	32.00
新加坡	20.86	22.40	100.00	2.00	17.30	6.57	6.00
韩国	20.61	12.30	82.01	2.00	0.54	10.00	24.00
印度	15.49	78.20	29.14	2.00	0.32	3.12	4.00
比利时	14.15	5.70	98.08	0.00	1.10	4.15	0.00
南非	11.29	2.90	78.78	0.00	0.10	4.28	0.00
丹麦	11.12	6.00	72.48	0.00	1.92	4.29	0.00
爱尔兰	11.08	4.70	57.43	1.00	9.79	5.85	2.00
克罗地亚	10.75	0.50	76.45	0.00	0.43	4.30	0.00
澳大利亚	10.02	13.70	33.01	9.00	3.90	4.27	6.00
俄罗斯	10.01	7.50	8.02	0.00	0.20	4.18	28.00
荷兰	9.49	14.60	32.99	0.00	0.00	4.15	10.00
芬兰	9.17	6.10	44.56	0.00	2.23	4.24	6.00
匈牙利	9.15	1.50	59.90	0.00	0.20	3.82	2.00
瑞典	8.63	8.40	44.90	2.00	1.24	4.23	2.00
奥地利	8.31	5.00	51.87	0.00	1.07	4.27	0.00
西班牙	7.58	17.30	25.64	0.00	1.24	4.24	4.00
塞浦路斯	6.54	0.70	41.90	0.00	1.16	4.30	0.00
葡萄牙	6.27	3.70	37.22	0.00	0.79	4.22	0.00
巴西	6.23	18.10	15.60	0.00	0.46	3.82	4.00
意大利	6.15	10.50	20.56	1.00	0.56	4.27	4.00
卢森堡	5.64	0.60	34.81	0.00	1.13	4.30	0.00
波兰	5.27	10.80	15.64	2.00	2.02	3.87	2.00
爱沙尼亚	4.74	2.90	23.49	0.00	2.97	4.27	0.00
希腊	4.40	2.60	23.67	0.00	0.29	4.30	0.00
捷克	3.55	3.70	16.40	0.00	0.45	3.95	0.00
斯洛伐克	3.22	0.00	16.10	0.00	0.28	4.24	0.00
印度尼西亚	3.13	3.00	13.67	0.00	0.02	4.17	0.00
马耳他	3.11	0.70	13.75	0.00	1.73	4.34	0.00
墨西哥	2.48	4.20	15.47	0.00	0.17	0.00	0.00
土耳其	2.38	4.00	6.36	0.00	0.26	4.23	0.00
罗马尼亚	2.26	2.30	7.34	0.00	0.23	4.12	0.00
立陶宛	2.22	1.50	6.91	0.00	0.80	4.29	0.00
保加利亚	2.21	0.70	8.18	0.00	0.24	4.30	0.00
沙特阿拉伯	1.85	2.10	3.45	0.00	0.72	4.29	0.00
阿根廷	1.76	2.50	2.85	0.00	0.15	4.29	0.00
斯洛文尼亚	1.75	0.60	4.48	0.00	0.35	4.29	0.00
拉脱维亚	1.25	0.50	0.21	0.00	0.71	4.29	0.00
越南	1.15	2.50	0.40	0.00	0.13	3.08	0.00

图 6-1　参评国家人工智能产业与应用各级指标得分情况（圆形大小：指数得分）

第六章
人工智能产业与应用

人工智能产业与应用的参评国家综合实力方面，可划分出明显的梯队排序。第一梯队由美国、中国和英国组成，产业发展水平与应用程度较高，得分在30分以上。法国、德国、加拿大等15个国家发展良好，得分在10~30分，为第二梯队。荷兰、芬兰等12个国家发展略微落后，得分在5~10分，为第三梯队。除此之外，爱沙尼亚、希腊等16个国家发展落后，得分在5分以下，排名垫底。

美国在人工智能产业与应用上全面领先。在参评国家中，美国是唯一在人工智能产业与应用所有三级指标上均排名前5位的国家，其中，美国在人工智能企业数量、人工智能企业平均融资金额、人工智能上市企业数量、物联网TOP500企业占比均排名第1位，表现尤为突出。截至2021年9月，参评国家共拥有10 882家人工智能企业，其中美国企业共计4664家，占总量的42.86%，而人工智能上市企业数量达到63家，遥遥领先除中国外的其他国家。

中国在人工智能产业与应用上综合实力很强，但存在发展短板。中国虽然在人工智能企业数量、人工智能企业平均融资金额、人工智能上市企业数量、物联网TOP500企业占比方面名列前茅，但在人工智能从业人员人口参与率和集成电路盈利水平上分别排名第31位和第45位，与前列的指标形成鲜明对比。

相较于美国、中国、英国的领先，法国、德国等紧随其后，在人工智能产业与应用方面均具有较强的竞争力。在6个三级指标中，包括人工智能企业数量、人工智能企业平均融资金额、物联网TOP500企业占比的3个指标，德国、法国、英国均稳居前10位。加拿大在人工智能产业方面发展水平较高，在6个三级指标中，加拿大在人工智能企业数量、人工智能企业平均融资金额、人工智能上市企业数量、人工智能从业人员人口参与率、物联网TOP500企业占比方面排名前10位。以色列人工智能产业发展较好，人工智能产业二级指标排名第5位，但人工智能应用二级指标排名第12位，应用程度较弱。日本在人工智能应用方面具有很强的实力，在6个三级指标中，人工智能企业数量、人工智能上市企业数量、集成电路盈利水平、物联网TOP500企业占比排名前10位。新加坡在人工智能应用方面发展均衡、突出，在6个三级指标中，新加坡在人工智能企业数量、人工智能企业平均融资金额、人工智能上市企业数量、人工智能从业人员人口参与率、集成电路盈利水平方面均排名前10位。俄罗斯人工智能应用基础较好，其人工智能应用二级指标排名第8位，但在人工智能产业二级指标排名则只排在第37位，核心产业发展相对不足。

二、人工智能产业

对人工智能产业发展水平，本报告主要从企业和从业人口两个层面进行考察。二级指标排名前十的国家分别是美国、中国、英国、加拿大、以色列、新加坡、法国、德国、印度、比利时（图6-2）。

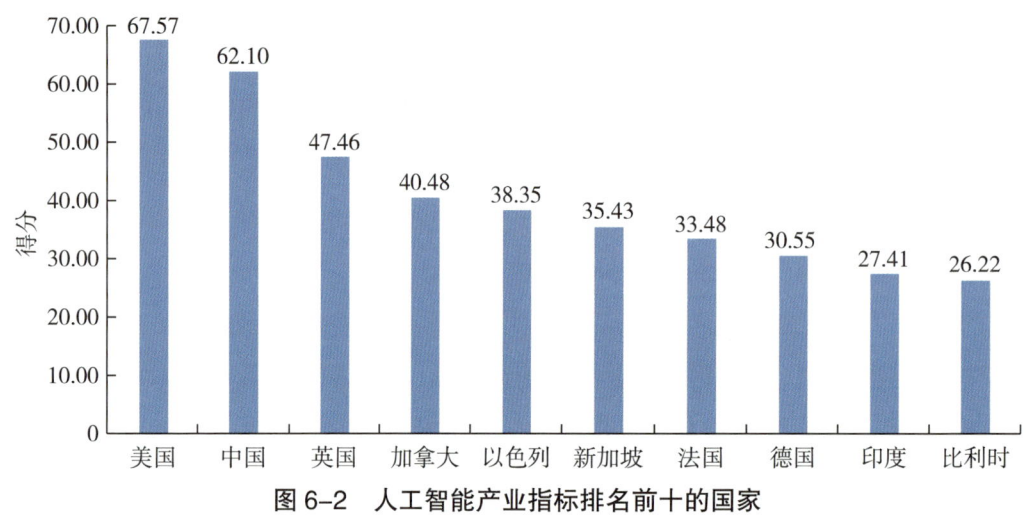

图6-2　人工智能产业指标排名前十的国家

（一）人工智能企业数量

人工智能企业数量指一个国家人工智能行业中人员规模大于10人的企业数量。人工智能被认为是产业变革的重要驱动力，人工智能产业化是人工智能发展的重要目标之一，也是人工智能服务社会的重要途径。通过对人工智能企业数量进行研究和分析，可以看出一个国家人工智能产业的发展活力和市场化程度。参评国家人工智能企业数量情况如图6-3所示。

全球人工智能企业在国家和地理分布上严重不均衡。人工智能企业数量排名前10位的国家共拥有9029家人员规模超过10人的人工智能企业，占参评国家企业总数的82.97%，且这10个国家均来自欧洲、亚洲及北美洲。这就意味着非洲、大洋洲、南美洲的人工智能企业数量极少，体现出全球人工智能企业在国家和地理分布上严重失衡。

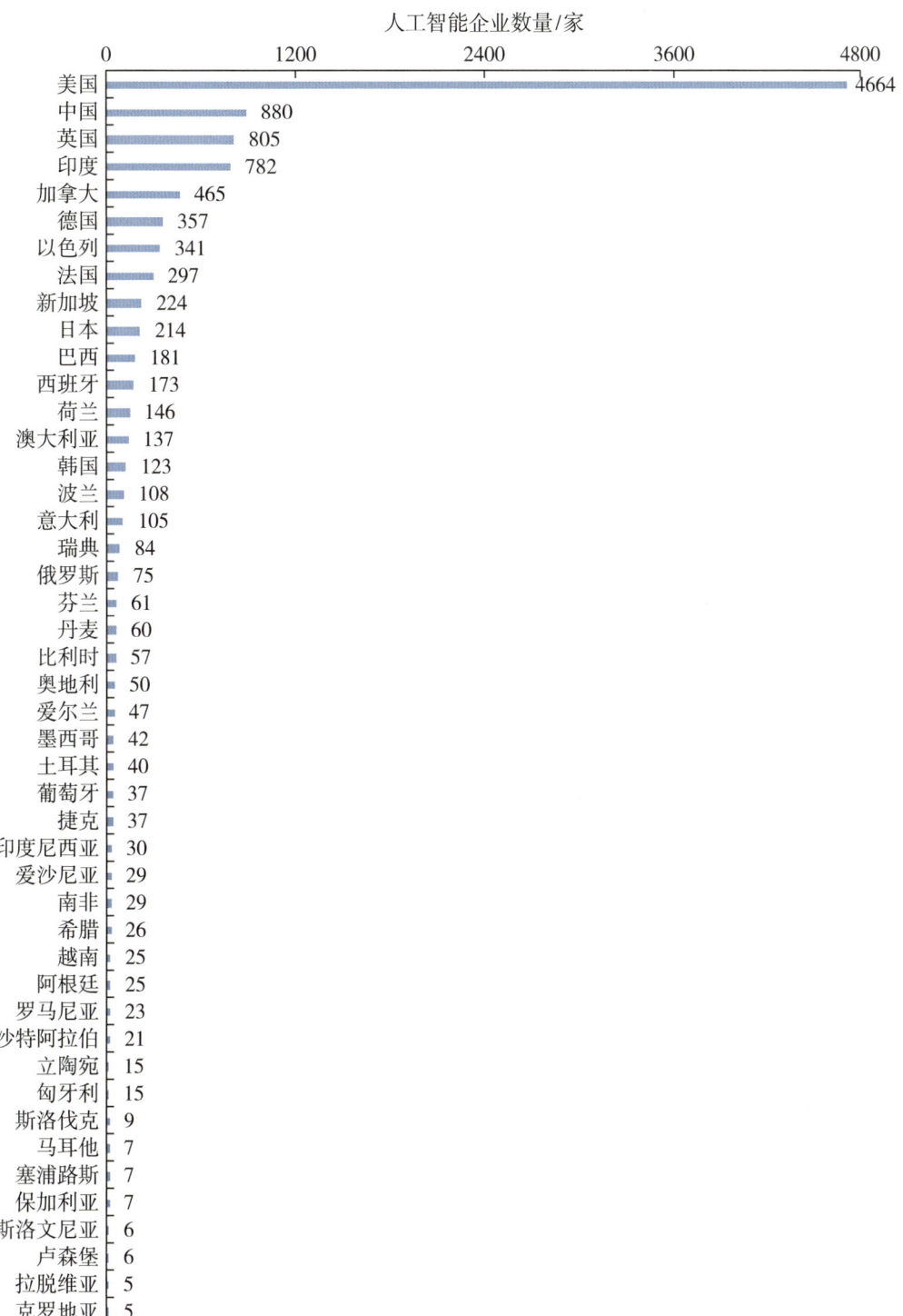

图 6-3 参评国家人工智能企业数量

全球人工智能企业在密度上呈现很高的集聚效应。这种高密度的集聚效应，主要体现在美国一国分布上面。美国的人工智能企业数量远超其他国家，按本报告的统计口径，截至 2021 年 9 月，美国共有人员规模大于 10 人的人工智能企业 4664 家，以绝对优势居参评国家首位。而居末位的克罗地亚，人员规模大于 10 人的人工智能企业仅有 5 家，约为美国的 1‰，差距极为明显，更凸显出美国人工智能企业的高密度集聚性。

全球人工智能企业在发展中大国取得了长足发展，最具代表性的就是中国、印度：人工智能企业数量连年稳步上升，份额始终名列前茅。截至 2021 年 9 月，在人工智能企业数量排名前 10 位的国家中，仅有中国和印度两个发展中国家。中国以 880 家人员规模大于 10 人的人工智能企业排名第 2 位；印度则共有 782 家，排名第 4 位。折射出发展中大国的巨大潜力和蓬勃生机。

（二）人工智能企业平均融资金额

人工智能企业平均融资金额指平均每家人工智能企业的融资额。企业的发展离不开资金的支持，一个国家的人工智能企业融资金额越多，说明社会对企业的支持力度越大，人工智能产业的发展则更具潜力。参评国家人工智能企业融资额情况如图 6-4 所示。

人工智能企业融资金额的两强基本格局在固化。对比来看，去年企业融资总额排名前 5 位的分别是：美国、中国、印度、英国、以色列，今年则为美国、中国、英国、以色列、加拿大，美中的两强格局没有变化。美国的企业融资总额超过了其余参评国家人工智能企业融资总额的总和，第一地位进一步强化；但从平均水平看，中国人工智能企业的平均融资额排名第 1 位，美国排名第 2 位，且中国平均融资额与美国相比，绝对值差距在拉大，保持了一定优势。这种格局的形成和固化，一方面反映出美国人工智能企业发展的景气度持续向好，叠加资本市场融资看好度同步放大；另一方面反映出中国人工智能企业进入做大做强阶段，匹配平均融资需求水涨船高的现实场景。而两国庞大的国内市场及开放性的融资市场，无疑将进一步推涨和持续固化这种两强局面。

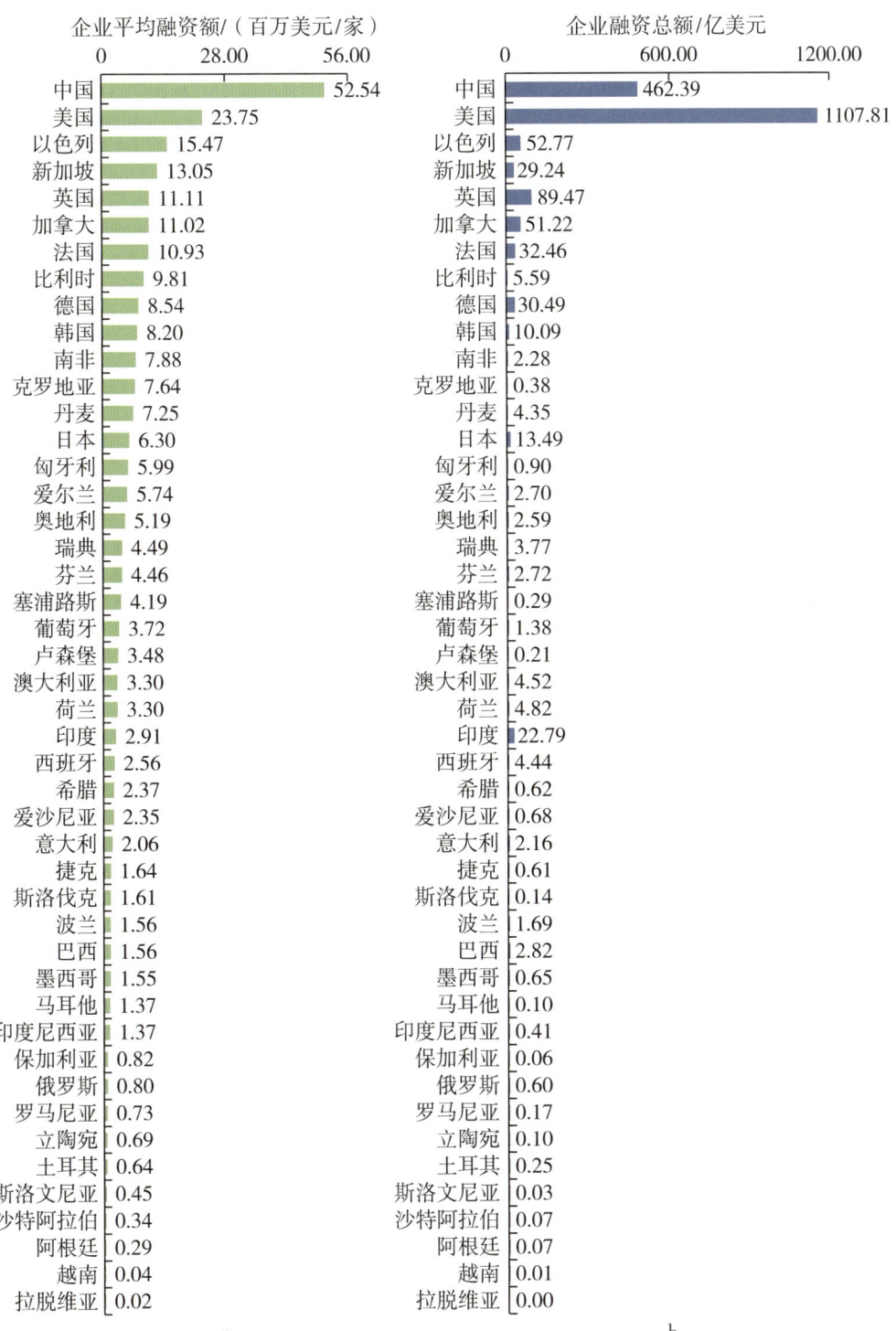

图 6-4 参评国家人工智能企业平均融资金额

（三）人工智能上市企业数量

人工智能上市企业数量指一个国家中股票交易所首次公开募股（IPO）的人工智能公司总数。相较于人工智能企业，人工智能上市企业要在资金、程序、技术和人才队伍上有更大的投入，是人工智能产业化的更高标准。通过对人工智能上市企业数量进行研究和分析，可以看出一个国家人工智能产业的投资能力、创新及实施能力。参评国家人工智能上市企业数量如图6-5所示。

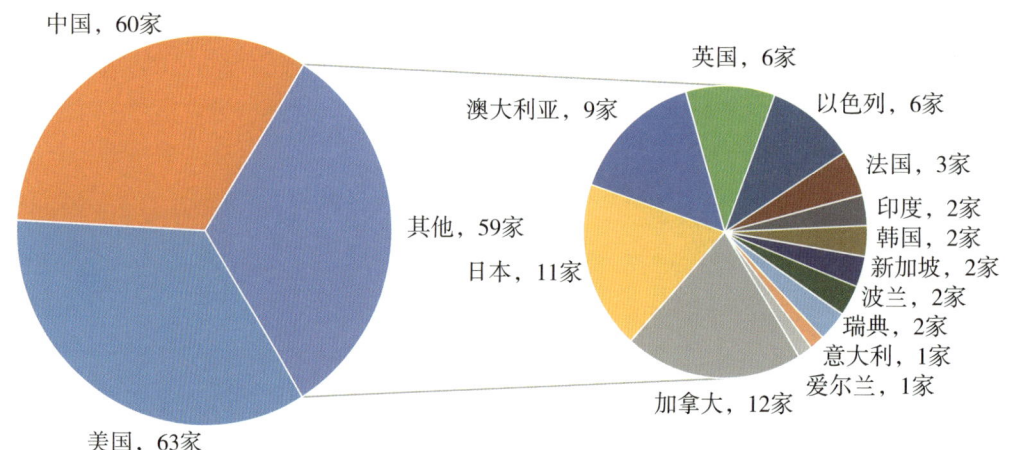

图6-5　参评国家人工智能上市企业数量

中美人工智能上市企业数量遥遥领先。参评国家的人工智能上市企业数量共有182家，其中美国、中国分别为63家和60家，远高于其他国家。加拿大、日本的人工智能上市企业数量也达到两位数。

多个国家无上市的人工智能企业。在46个参评国家中，仅有15个国家拥有人工智能上市企业。一定程度上说明对大多数国家而言，人工智能行业发展尚处于早期阶段，多数企业处于初创期。

※ 人工智能上市企业上市率

中国、澳大利亚的人工智能企业上市率领先。尽管中国的人工智能企业数量较美国有较大的差距，但是中国的人工智能上市企业数量与美国相近，且上市率约是美国的5倍（图6-6）。中国人工智能产业后发制人，除了《新一代人工智能发展规划》等顶层战略定位，《促进新一代人工智能产业发展三年行动计划（2018—2020年）》《关于促进人工智能和实体经济深度融合的指导意见》《国家新一代人工智能创新发展试验区建设工作指引》等专题指导推动人工智能技术落地，与实体经济深度融合。上交所科创板的开板和注册制的实施也为人工智能企业上市提供充足的助力，拓宽其融资渠道，加速其上市步伐。除了中国，澳大利亚的人工智能企业上市率也达到6.57%，仅次于中国的6.82%。2020年，澳大利亚政府联合国内高校及企业成立了澳大利亚最大的人工智能研究所——The Australian Artificial Intelligence Institute，并为其投资300余万澳元。此外，澳大利亚人工智能广泛应用到医疗、能源、工业、农业、金融、教育、交通等各个领域，为人工智能企业上市提供温床。

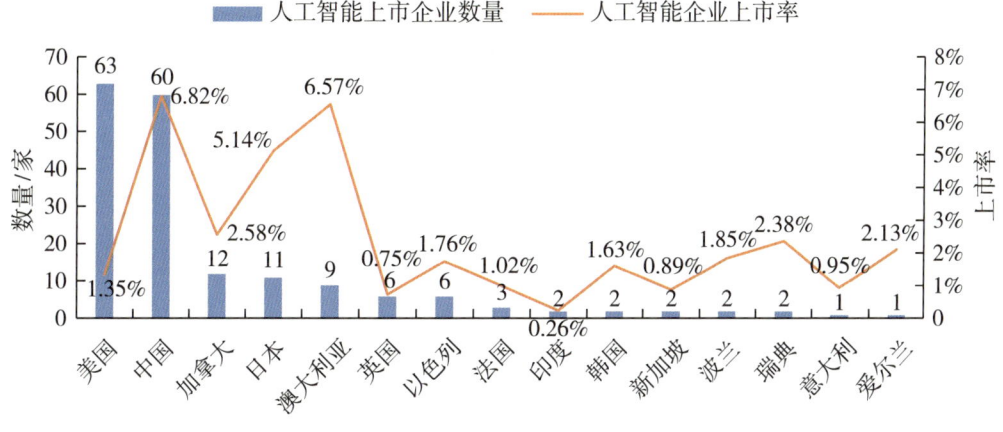

图6-6 各参评国家人工智能上市企业数量及上市率

（四）人工智能从业人员人口参与率

人工智能从业人员人口参与率是指一个国家人工智能企业从业人员的数量占该国劳动人口数量的比例。其中，人工智能从业人员指人工智能产业链中相关企业的从业人员，包括专业技术人才、经营管理人才等。人工智能从业人员人口参与率反映了一国在人工智能领域的劳动人口规模，在一定程度上体现了该国人工智能业态的发达程度。参评国家人工智能从业人员人口参与率及数量如图6-7所示。

新加坡和以色列的人工智能从业人员人口参与率遥遥领先且有所增长。两国均为人口规模较小但经济高度发达的国家，人工智能从业人员人口参与率均超过60人/万劳动人口，在所有参评国家中遥遥领先。以色列历来重视科技领域教育，为人工智能领域的人才供应奠定了基础。新加坡在人工智能人才培养方面出台了一系列支持和培训计划，为人工智能领域储备了大量从业人员。2017年，新加坡出台AI学徒计划（AI Apprenticeship Programme，AIAP），该计划通过开展培训课程培养新加坡本地的人工智能人才，课程费用由政府全额资助。2018年新加坡出台了工业人工智能计划（AI For Industry，AI4I），旨在帮助有学习意愿的人员正确理解和使用人工智能，并能够使用Python编写基本的人工智能和数据应用程序。在相关政策的推动下，两国的人工智能从业人员人口参与率均有所增加，尤其是新加坡，其人工智能从业人员人口参与率增幅在20%以上，政策效果显著。

发达国家人工智能从业人员人口参与率显著高于发展中国家。在参评国家中，人工智能从业人员人口参与率排名前50%的均为发达国家，除了美国、英国、加拿大等既有规模又有高参率的国家，众多劳动人口总量较小的欧洲国家同样跻身前列。巴西、中国、印度等发展中国家在巨大的人口基数下有一定规模的人工智能从业人员，但是在整个就业市场中的占比优势不足。

中国的人工智能从业人员人口参与率仅为2.08人/万劳动人口，处于参评国家中的中下等位置，较去年有所下降。中国的人工智能从业人员总量较大，约为16.2万人，仅次于美国，在参评国家中排名第2位。但由于人口基数庞大，从业人员人口参与率仅排名第31名，不及发达国家的平均水平。此外，中国人工智能从业人员总量较去年下降29%，中国人工智能企业数量增加而从业人员总量下降，人工智能企业的平均员工数量下降，一定程度上说明经济下行压力下人工智能企业的扩张

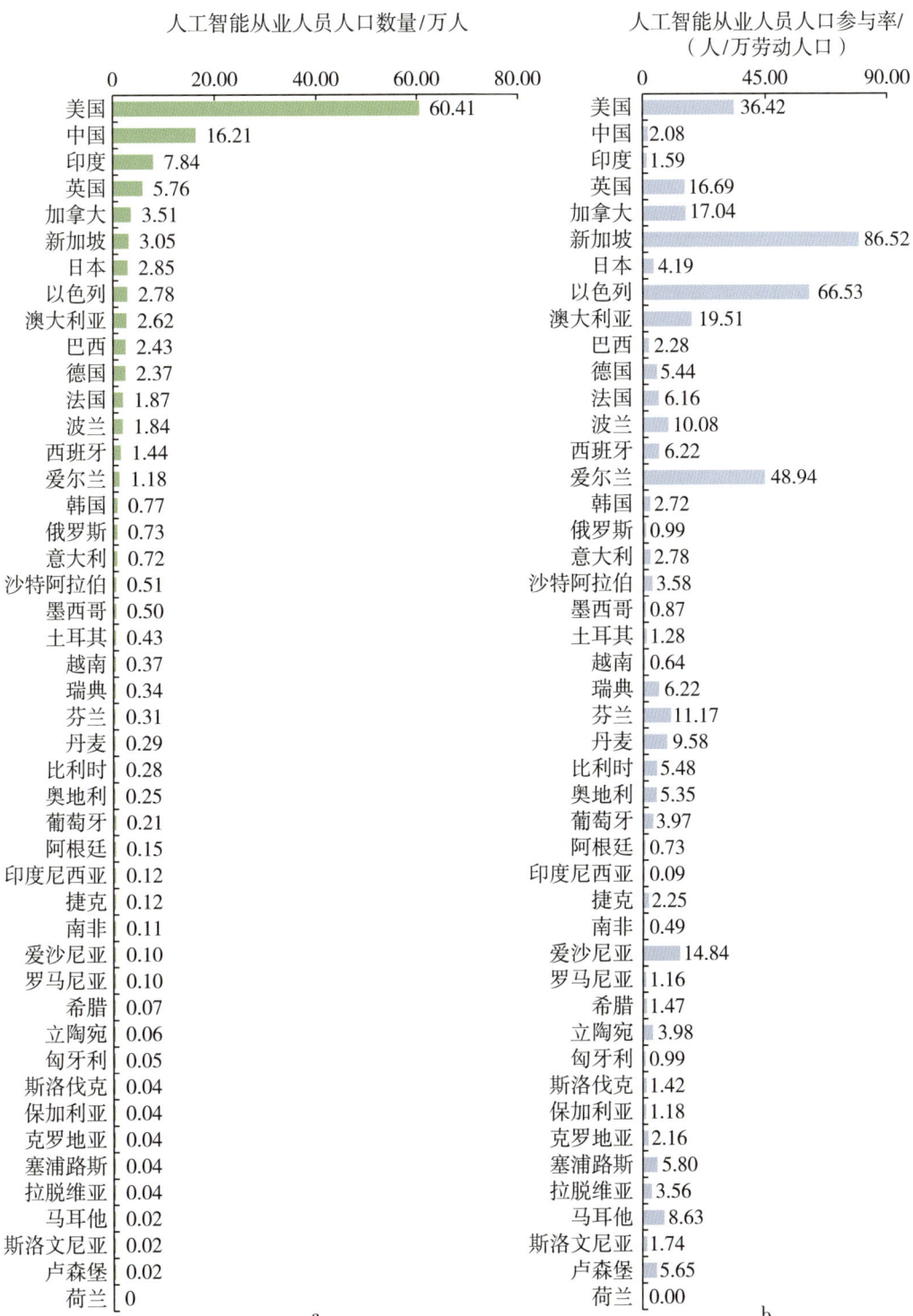

图 6-7 人工智能从业人员人口参与率及数量

趋缓。亿欧智库发布的《2020年中国人工智能商业落地研究报告》显示，人工智能创业窗口期临近尾声，且众多相关数据显示，风口过后，无论是"AI四小龙"还是人工智能行业，都面临着盈利和发展的瓶颈，导致人工智能从业人员数量下降。

※ 人工智能企业数量及平均员工数

图6-8展示了各参评国家人工智能企业数量及平均员工数，从中可以看出，爱尔兰、沙特阿拉伯、澳大利亚等国家的人工智能产业较为集中，具体表现为人工智能企业数量少，企业平均员工数量高。英国、德国、法国等人工智能产业集中度较低，人工智能企业数量较多但平均员工数量在60～70人。

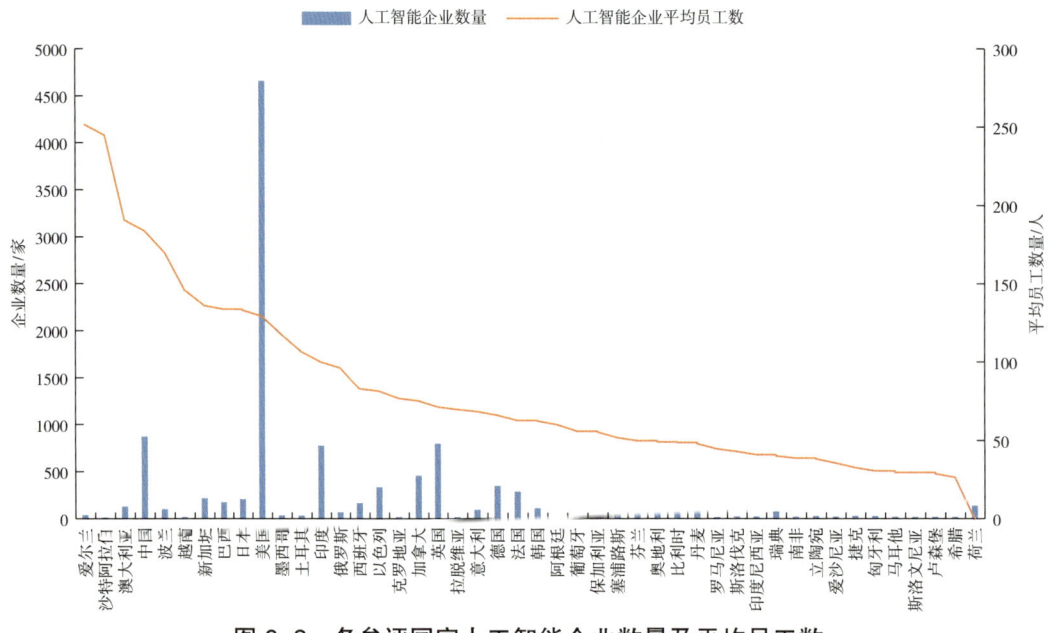

图6-8 各参评国家人工智能企业数量及平均员工数

中国人工智能企业数量约为美国的1/5，企业平均员工数约为美国的1.5倍。一方面，这说明中国的人工智能产业集中度较美国更高；另一方面，说明在整个就业市场中，美国人工智能从业人员参与率远高于中国，中国的就业市场结构仍有优化的空间。

第六章 人工智能产业与应用

三、人工智能应用

人工智能在自动驾驶、医疗应用、搜索引擎、虚拟语音助理、图像识别等领域已经有了较广泛的应用，但还未完全成熟，而且人工智能的应用领域还在不断扩大，现阶段尚难以确定人工智能应用的范围和具体内容。为此，本报告重点考察一个国家的集成电路盈利水平和物联网TOP500企业占比，以期从中窥见人工智能应用的基础和潜力。在人工智能应用方面，美国和中国分别排名第1位、第2位，法国、德国、英国、日本和韩国紧跟其后，俄罗斯、加拿大、荷兰则排名第8位、第9位、第10位。捷克、越南和墨西哥位居末席（图6-9）。

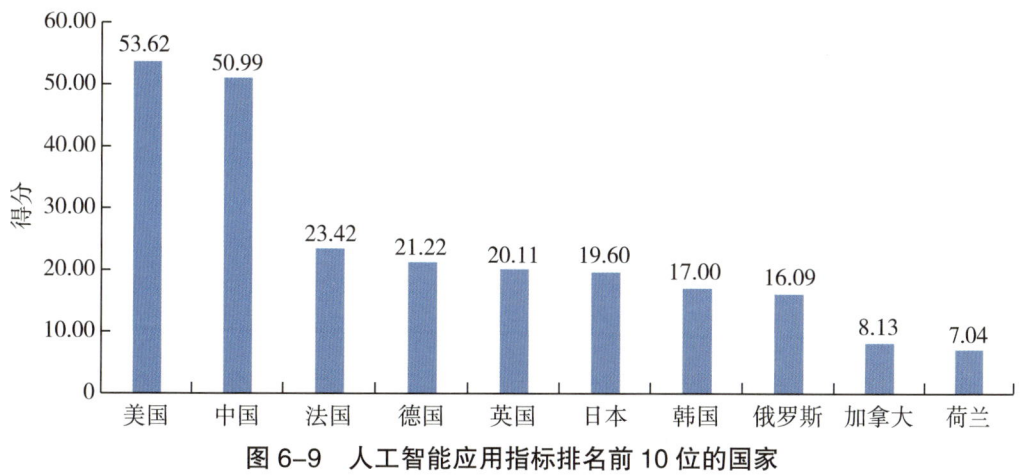

图6-9 人工智能应用指标排名前10位的国家

（一）集成电路盈利水平

集成电路盈利水平是对一个国家集成电路进出口盈利水平的衡量。[①] 作为信息技术产业高速发展的基础和原动力，集成电路盈利水平可以有效反映出该国家人工智能等技术的发展水平和产业竞争力，参评国家集成电路盈利水平如图6-10所示。

---

① 本报告计算一国集成电路盈利水平的具体方法：（集成电路出口值—集成电路进口值）× 该国经济复杂性指数，再将该值通过标准化映射到0～10的区间。

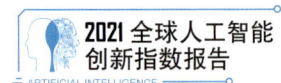

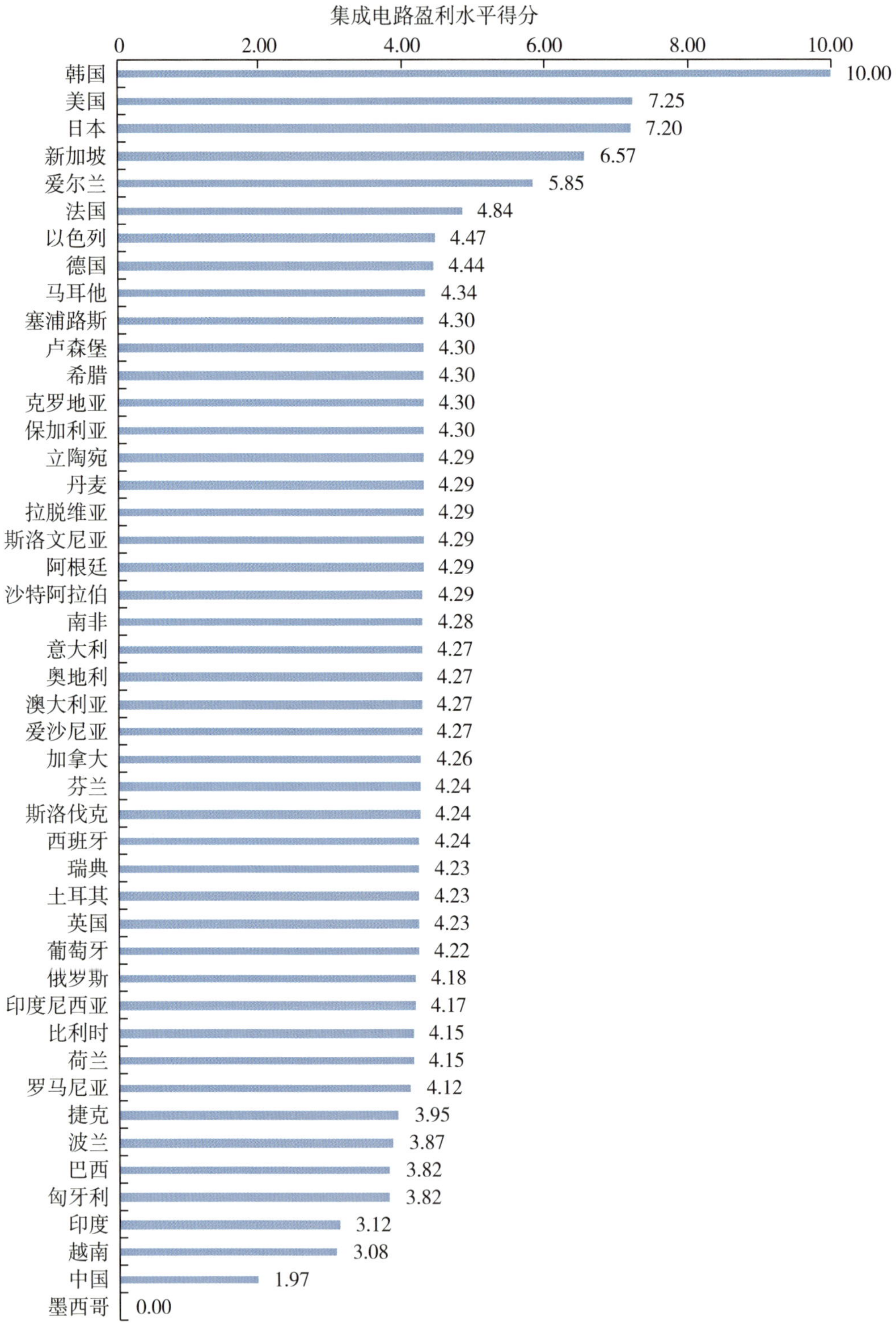
集成电路盈利水平得分
0
2.00
4.00
6.00
8.00
10.00
韩国 10.00
美国 7.25
日本 7.20
新加坡 6.57
爱尔兰 5.85
法国 4.84
以色列 4.47
德国 4.44
马耳他 4.34
塞浦路斯 4.30
卢森堡 4.30
希腊 4.30
克罗地亚 4.30
保加利亚 4.30
立陶宛 4.29
丹麦 4.29
拉脱维亚 4.29
斯洛文尼亚 4.29
阿根廷 4.29
沙特阿拉伯 4.29
南非 4.28
意大利 4.27
奥地利 4.27
澳大利亚 4.27
爱沙尼亚 4.27
加拿大 4.26
芬兰 4.24
斯洛伐克 4.24
西班牙 4.24
瑞典 4.23
土耳其 4.23
英国 4.23
葡萄牙 4.22
俄罗斯 4.18
印度尼西亚 4.17
比利时 4.15
荷兰 4.15
罗马尼亚 4.12
捷克 3.95
波兰 3.87
巴西 3.82
匈牙利 3.82
印度 3.12
越南 3.08
中国 1.97
墨西哥 0.00

图 6-10　参评国家集成电路盈利水平得分

发达国家的集成电路盈利水平普遍较高。韩国的集成电路盈利水平排名第 1 位,美国、日本分别排名第 2 位和第 3 位,排名前 10 位的国家均为发达国家。韩国、美国、日本及欧洲地区的发达国家集成电路产业发展优势的形成与其政府的政策引导、优秀人才的培养、下游产业集群的建设和资金的持续投入密不可分。头部国家集成电路优势领域和代表公司如表 6-1 所示。

表 6-1 头部国家集成电路优势领域和代表公司

国家	优势领域	代表公司	特点
韩国	·存储芯片 ·晶圆代工	·三星电子 ·SK 海力士	·自 70 年代起政府支持 ·财团逆周期持续投资
美国	·芯片设计 ·半导体制造 ·刻蚀及检测设备	·高通 ·苹果 ·英特尔 ·科天 ·泰瑞达	·产业发源地制定行业标准 ·持续研发投入 ·持续产业并购
日本	·半导体材料 ·制造设备 ·汽车电子	·东京电子 ·东京应化 ·富士胶片	·政策引导 ·质优价低构筑市场竞争力

注:资料来源为公开资料。

大部分国家的集成电路盈利水平相近。韩国的集成电路盈利水平较高,约为美国的 1.38 倍。美国、日本的集成电路盈利水平均在 7.2 左右,新加坡、爱尔兰在 5.8～6.6,除此之外,有 33 个参评国家的集成电路盈利水平在 4～5,其中,立陶宛、丹麦、拉脱维亚、斯洛文尼亚、阿根廷、沙特阿拉伯的集成电路盈利水平均为 4.29。

(二)物联网 TOP500 企业占比

物联网 TOP500 企业占比是指一个国家的物联网企业在世界物联网 TOP500 企业榜单中所占比重。世界物联网 TOP500 企业榜单由世界物联网大会发布,对全球的物联网企业进行排名。物联网和人工智能两项技术相辅相成,物联网终端设备是人工智能落地应用的重要载体,人工智能技术的加持也能使物联网更好地发挥其优越性，因此全球物联网 TOP500 企业能在一定程度上反映人工智能的应用潜力。物联网 TOP500 企业的国家分布情况如图 6-11 所示。

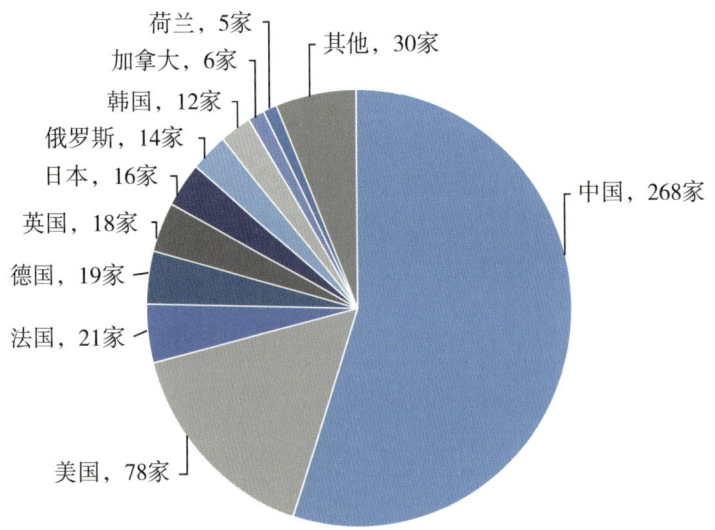

图 6-11　参评国家物联网 TOP500 企业数量

中国物联网企业蓬勃发展，占全球 TOP500 物联网企业数量的半壁江山。中国 TOP500 物联网企业数量为 268 家，占比超过一半。中国人工智能产业的迅速发展也辐射到了本国的物联网产业中，物联网技术一方面作为驱动因素，支持人工智能更广泛的应用，另一方面也受益于人工智能发展的红利，获得更大的市场需求。

美国 TOP500 物联网企业在数量的优势上正在减少。在 2020 年测评中，美国 TOP500 物联网企业数量为 96 家，而 2021 年的测评中，美国进入 TOP500 物联网企业数量下降为 78 家。

第七章
中国人工智能创新发展情况分析

一、总体位势

当前，中国人工智能整体发展水平已跻身世界前列，2021 年中国的人工智能创新指数综合得分继续保持全球第二，仅次于美国。在基础支撑、创新资源与环境、科技研发、产业与应用等方面，中国均表现良好，4 个一级指标均排名前 5 位。中国也是唯一在人工智能领域处于世界先进水平的发展中国家，在人工智能创新指数综合得分排名前 10 位的国家中，其余 9 个均为发达国家（表 7-1）。

表 7-1 中国人工智能创新指数各级指标得分明细

指标序号	指标名称	得分	排名
1	**人工智能基础支撑**	40.48	5
1.1	**人工智能计算基础**	38.82	3
1.1.1	数据中心保有率	17.97	9
1.1.2	全球 TOP500 超算中心占比▲	75.20	1
1.1.3	人均发电量	23.29	22
1.2	**人工智能网络基础**	42.14	31
1.2.1	移动蜂窝电话订阅率	27.14	29
1.2.2	互联网使用率	58.06	39
1.2.3	固定宽带订阅率	67.19	21
1.2.4	5G 建设水平▲	16.15	2

续表

指标序号	指标名称	得分	排名
2	人工智能创新资源与环境	44.53	5
2.1	人工智能人才	37.10	3
2.1.1	人工智能顶级学者人口参与率	6.72	18
2.1.2	人工智能开源代码贡献量▲	52.67	2
2.1.3	人工智能高收藏量开源代码占比	51.90	11
2.2	人工智能教育	64.54	2
2.2.1	高水平人工智能核心专业开设率	3.53	27
2.2.2	全日制科学和工程博士生占比	91.49	8
2.2.3	PISA 测试成绩▲	98.60	1
2.3	国家研发投入	42.81	13
2.3.1	国家研发投入强度	42.81	13
2.4	人工智能创新制度	33.65	6
2.4.1	国家人工智能发展政策与规划	29.35	6
2.4.2	国家人工智能社会治理▲	37.96	5
3	人工智能科技研发	59.00	1
3.1	人工智能学术论文	76.89	1
3.1.1	人均人工智能论文产出量	30.68	12
3.1.2	人工智能顶级论文量▲	100.00	1
3.1.3	人工智能全球 TOP100 高被引论文占比▲	100.00	1
3.2	人工智能专利	41.10	3
3.2.1	人均人工智能专利申请量▲	79.38	1
3.2.2	人均人工智能专利授权量▲	54.22	3
3.2.3	人均 5G 专利申请量▲	18.75	2
3.2.4	人均 5G 专利授权量▲	12.07	3
4	人工智能产业与应用	56.55	2
4.1	人工智能产业	62.10	2
4.1.1	人工智能企业数量▲	88.00	2
4.1.2	人工智能企业平均融资金额▲	100.00	1

第七章 中国人工智能创新发展情况分析

续表

指标序号	指标名称	得分	排名
4.1.3	人工智能上市企业数量▲	60.00	2
4.1.4	人工智能从业人员人口参与率	0.42	31
4.2	**人工智能应用**	50.99	2
4.2.1	集成电路盈利水平	1.97	45
4.2.2	物联网 TOP500 企业占比▲	100.00	1

注：▲为排名前 5 位的三级指标。

对比近 3 年的评价结果，可以看出中国人工智能发展进步很快（图 7-1）。总得分上，与美国的分差进一步缩减。细分指标上，29 个三级指标中有 11 个指标排名都有所上升，尤其是人工智能高收藏量开源代码占比、人均人工智能论文产出量两个指标分别上升 19 名和 14 名。

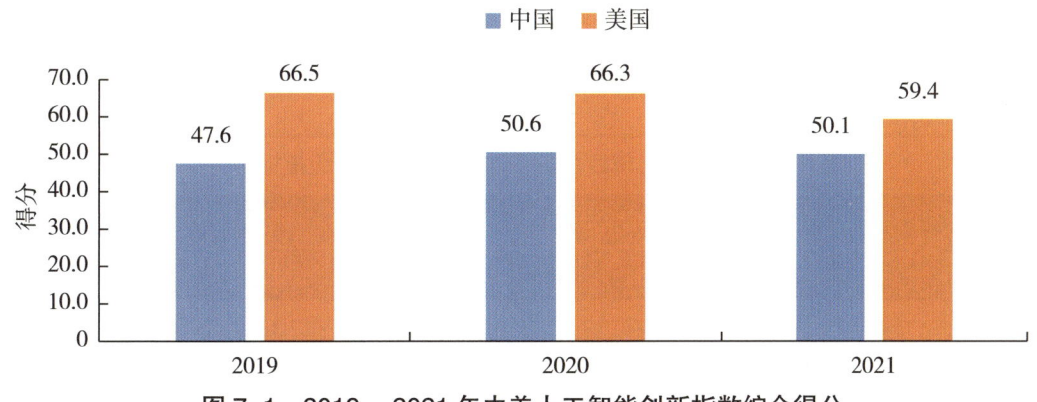

图 7-1 2019—2021 年中美人工智能创新指数综合得分

与美国相比，中国在很多方面仍存在一定差距（图 7-2）。从指标排名看，4 个一级指标中，美国有 3 个指标排名第一，中国仅有 1 个；10 个二级指标中，中国有 8 个指标落后美国；29 个三级指标中，中国有 20 个指标表现不如美国。从指标绝对值看，中国的数据中心、人工智能从业人员及人工智能企业的数量规模都与美国有差距。其中，中国的数据中心数量不到美国的 1/20，人工智能从业人员规模约为美国的 1/3，人工智能企业数量约为美国的 1/5。

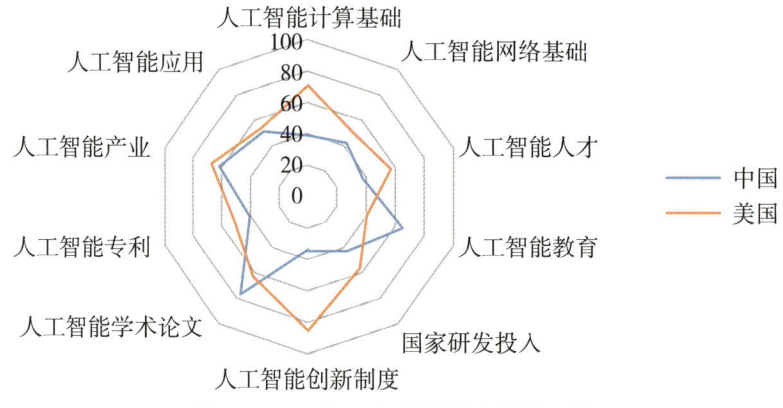

图 7-2 中美二级指标得分情况对比

从全球态势看，加快发展人工智能已经成为各国科技创新的重要战略方向，韩国、英国、加拿大、德国等传统科技强国在人工智能领域之间正呈现你追我赶的竞争态势，综合得分非常相近，且均具有自己的竞争优势。例如，加拿大、德国人工智能基础支撑建设较好，英国、新加坡的人工智能创新资源与环境整体水平优于中国（表 7-2）。未来，随着人工智能技术创新的多元化及各国战略部署力度的加大，中国人工智能发展还将面临较为激烈的竞争。

表 7-2 人工智能创新指数 TOP10 国家的一级指标得分

国家	人工智能基础支撑		人工智能创新资源与环境		人工智能科技研发		人工智能产业与应用	
	排名	得分	排名	得分	排名	得分	排名	得分
美国	1	60.25	1	59.55	2	57.33	1	60.60
中国	5	40.48	5	44.53	1	59.00	2	56.55
韩国	6	39.59	8	39.25	3	49.74	10	20.61
英国	7	39.39	3	48.29	7	15.66	3	33.79
新加坡	21	29.38	2	51.45	4	22.76	9	20.86
加拿大	2	45.81	17	32.45	9	13.14	6	24.30
德国	4	40.81	15	33.72	12	11.14	5	25.89
日本	12	34.34	7	40.27	11	11.75	8	21.84
法国	8	37.54	12	35.55	23	6.11	4	28.45
澳大利亚	10	36.16	6	44.24	6	16.80	17	10.02

二、发展优势

中国的优势指标从 2020 年的 12 个增加到 2021 年的 15 个，保持原有优势同时，在人工智能高收藏量开源代码占比、人均人工智能专利授权量、人均 5G 专利申请量、人均 5G 专利授权量等指标上的表现有明显上升。

开源创新生态建设成效显著，开源项目影响力明显上升。2021 年，中国的被收藏数大于 50 的人工智能开源代码量达到 158 项，仅次于美国，相比 2020 年的 139 项有所增长。其中，收藏数量达到 200 的人工智能开源代码达到 82 项，而 2020 年该数据为 0。反映出中国的人工智能开源项目无论是数量还是质量都有显著提升。

计算基础较强，全球 TOP500 超算中心数量连年保持首位。规模庞大的高水平超算中心为中国人工智能技术研发奠定了强大的算力基础。截至 2021 年 10 月，中国共有 188 家超算中心进入全球 500 强行列，占总量的 37.6%，居全球首位。2018—2021 年中国进入全球 500 强的超算中心数量一直保持全球领先，但值得注意的是，随着各国均开始加大超级计算机建设力度，与去年相比（226 个，占全球比重 45.2%），中国在超算中心上的优势有所减弱。

人工智能企业队伍不断壮大，企业总数保持全球第二。蓬勃发展的人工智能企业将推动中国的人工智能产业走向成熟。截至 2021 年 9 月，中国共有 880 家人员规模大于 10 的人工智能企业，排名保持第 2 位，较 2020 年同比增长约 7%；人工智能企业累计共获得 462.39 亿美元的投资，排名第 2 位，平均每家企业融资额为 0.53 亿美元，排名第 1 位。

科研产出持续增长，论文和专利总量遥遥领先。中国论文和专利的突出成绩展示出中国已经成为全球人工智能领域内一支重要的研究力量。2020 年，中国学者共发表 6.8 万篇人工智能相关论文，其中在人工智能顶级期刊和顶级会议上发表的论文共计 4019 篇，均为全球第一。2020 年人工智能专利申请量和授权量均保持增长态势，分别为 6.2 万项和 2.1 万项，同比增长 7.6% 和 2.8%。

5G、物联网等相关技术发展迅速，支撑人工智能落地应用。5G、物联网等新一代信息技术与人工智能相互促进、相互赋能，具备高速率、低时延、广连接等特性的 5G 通信技术将大大提升人工智能产品性能和落地应用效果，而物联网和人工智能的融合将有助于打造出一个"互联智能"的世界。中国 5G 技术专利授权量从

2019 年的 215 项增加到 2020 年的 1886 项，排名第 1 位；5G 传输速率仅次于韩国，排名第 2 位。2021 年，中国全球 TOP500 物联网企业数量约占全球总数的一半，排名第 1 位。

三、创新挑战

从三级指标排名看，中国在移动蜂窝电话订阅率、互联网使用率、高水平人工智能专业开设率、人工智能从业人员人口参与率、集成电路盈利水平等指标上处于参评国家中等水平。

数学、物理、神经科学等人工智能基础学科教育水平有待提高。从高校实力看，中国在人工智能基础学科方面远不及美国。美国在数学、物理、神经科学 3 个专业上排名世界前 200 的高校分别有 48 所、55 所、69 所，中国则分别有 33 所、9 所、4 所。

人工智能从业人员人口参与率不高。在中国，约有 1.6 万人工智能从业人员，总量仅次于美国，但相较于庞大的人口基数，中国的人工智能从业人员人口参与率则略显不足。中国在人工智能从业人员人口参与率指标上排名第 31 位，平均每万劳动人口中人工智能从业人员仅有 2 人，而排名第 1 位的新加坡则有 86 人。

网络普及率还有较大进步空间。中国在移动蜂窝电话订阅率、互联网使用率、固定宽带订阅率等反映网络普及情况的指标上均排在中等水平。根据最新数据，当前中国移动蜂窝电话订阅率为 117.86%，尚未达到参评国家的平均水平（123.92%）；互联网使用率约为 70.64%，也低于参评国家的平均水平（82.18%）。根据国际电联公布的数据，2021 年全球移动蜂窝电话订阅率为 109.9%，发达国家为 134.8%，发展中国家为 105.1%。当前中国的移动蜂窝电话订阅率已超过全球平均水平和发展中国家的平均水平，但离发达国家的平均水平还有一定差距。

附录一
全球人工智能创新指数各国概况

1. 美国各指标详细得分及排名情况

全球人工智能创新指数 – 第 1 名

指标序号	指标名称	得分	排名
1	人工智能基础支撑	60.25	1
1.1	人工智能计算基础	70.70	1
1.1.1	数据中心保有率	100.00	1
1.1.2	全球 TOP500 超算中心占比	48.80	2
1.1.3	人均发电量	63.30	3
1.2	人工智能网络基础	49.79	10
1.2.1	移动蜂窝电话订阅率	33.78	12
1.2.2	互联网使用率	81.81	19
1.2.3	固定宽带订阅率	72.83	15
1.2.4	5G 建设水平	10.75	10
2	人工智能创新资源与环境	59.55	1
2.1	人工智能人才	56.35	1
2.1.1	人工智能顶级学者人口参与率	16.81	5
2.1.2	人工智能开源代码贡献量	100.00	1
2.1.3	人工智能高收藏量开源代码占比	52.23	10

续表

指标序号	指标名称	得分	排名
2.2	**人工智能教育**	39.77	23
2.2.1	高水平人工智能核心专业开设率	3.52	28
2.2.2	全日制科学和工程博士生占比	81.59	24
2.2.3	PISA 测试成绩	34.20	15
2.3	**国家研发投入**	56.66	8
2.3.1	国家研发投入强度	56.66	8
2.4	**人工智能创新制度**	85.42	1
2.4.1	国家人工智能发展政策与规划	76.64	1
2.4.2	国家人工智能社会治理	94.20	1
3	**人工智能科技研发**	**57.33**	**2**
3.1	**人工智能学术论文**	63.04	2
3.1.1	人均人工智能论文产出量	22.27	28
3.1.2	人工智能顶级论文量	66.84	2
3.1.3	人工智能全球 TOP100 高被引论文占比	100.00	1
3.2	**人工智能专利**	51.62	2
3.2.1	人均人工智能专利申请量	41.65	3
3.2.2	人均人工智能专利授权量	100.00	1
3.2.3	人均 5G 专利申请量	17.23	3
3.2.4	人均 5G 专利授权量	47.59	1
4	**人工智能产业与应用**	**60.60**	**1**
4.1	**人工智能产业**	67.57	1
4.1.1	人工智能企业数量	100.00	1
4.1.2	人工智能企业平均融资金额	100.00	1
4.1.3	人工智能上市企业数量	63.00	1
4.1.4	人工智能从业人员人口参与率	7.28	4
4.2	**人工智能应用**	53.62	1
4.2.1	集成电路盈利水平	7.25	2
4.2.2	物联网 TOP500 企业占比	100.00	1

2. 中国各指标详细得分及排名情况

全球人工智能创新指数 – 第 2 名

指标序号	指标名称	得分	排名
1	**人工智能基础支撑**	40.48	5
1.1	**人工智能计算基础**	38.82	3
1.1.1	数据中心保有率	17.97	9
1.1.2	全球 TOP500 超算中心占比	75.20	1
1.1.3	人均发电量	23.29	22
1.2	**人工智能网络基础**	42.14	31
1.2.1	移动蜂窝电话订阅率	27.14	29
1.2.2	互联网使用率	58.06	39
1.2.3	固定宽带订阅率	67.19	21
1.2.4	5G 建设水平	16.15	2
2	**人工智能创新资源与环境**	44.53	5
2.1	**人工智能人才**	37.10	3
2.1.1	人工智能顶级学者人口参与率	6.72	18
2.1.2	人工智能开源代码贡献量	52.67	2
2.1.3	人工智能高收藏量开源代码占比	51.90	11
2.2	**人工智能教育**	64.54	2
2.2.1	高水平人工智能核心专业开设率	3.53	27
2.2.2	全日制科学和工程博士生占比	91.49	8
2.2.3	PISA 测试成绩	98.60	1
2.3	**国家研发投入**	42.81	13
2.3.1	国家研发投入强度	42.81	13
2.4	**人工智能创新制度**	33.65	6
2.4.1	国家人工智能发展政策与规划	29.35	6
2.4.2	国家人工智能社会治理	37.96	5

续表

指标序号	指标名称	得分	排名
3	人工智能科技研发	59.00	1
3.1	人工智能学术论文	76.89	1
3.1.1	人均人工智能论文产出量	30.68	12
3.1.2	人工智能顶级论文量	100.00	1
3.1.3	人工智能全球TOP100高被引论文占比	100.00	1
3.2	人工智能专利	41.10	3
3.2.1	人均人工智能专利申请量	79.38	1
3.2.2	人均人工智能专利授权量	54.22	3
3.2.3	人均5G专利申请量	18.75	2
3.2.4	人均5G专利授权量	12.07	3
4	人工智能产业与应用	56.55	2
4.1	人工智能产业	62.10	2
4.1.1	人工智能企业数量	88.00	2
4.1.2	人工智能企业平均融资金额	100.00	1
4.1.3	人工智能上市企业数量	60.00	2
4.1.4	人工智能从业人员人口参与率	0.42	31
4.2	人工智能应用	50.99	2
4.2.1	集成电路盈利水平	1.97	45
4.2.2	物联网TOP500企业占比	100.00	1

3. 韩国各指标详细得分及排名情况

全球人工智能创新指数 – 第 3 名

指标序号	指标名称	得分	排名
1	**人工智能基础支撑**	39.59	6
1.1	**人工智能计算基础**	19.95	12
1.1.1	数据中心保有率	4.13	31
1.1.2	全球 TOP500 超算中心占比	2.00	13
1.1.3	人均发电量	53.71	5
1.2	**人工智能网络基础**	59.23	1
1.2.1	移动蜂窝电话订阅率	35.01	11
1.2.2	互联网使用率	95.01	4
1.2.3	固定宽带订阅率	87.11	5
1.2.4	5G 建设水平	19.79	1
2	**人工智能创新资源与环境**	39.25	8
2.1	**人工智能人才**	15.10	23
2.1.1	人工智能顶级学者人口参与率	10.97	10
2.1.2	人工智能开源代码贡献量	1.00	26
2.1.3	人工智能高收藏量开源代码占比	33.33	22
2.2	**人工智能教育**	42.52	19
2.2.1	高水平人工智能核心专业开设率	6.90	19
2.2.2	全日制科学和工程博士生占比	67.48	38
2.2.3	PISA 测试成绩	53.20	3
2.3	**国家研发投入**	90.55	2
2.3.1	国家研发投入强度	90.55	2
2.4	**人工智能创新制度**	8.81	27
2.4.1	国家人工智能发展政策与规划	7.95	25
2.4.2	国家人工智能社会治理	9.67	27

续表

指标序号	指标名称	得分	排名
3	人工智能科技研发	49.74	3
3.1	人工智能学术论文	41.30	4
3.1.1	人均人工智能论文产出量	75.22	3
3.1.2	人工智能顶级论文量	8.68	4
3.1.3	人工智能全球TOP100高被引论文占比	40.00	6
3.2	人工智能专利	58.17	1
3.2.1	人均人工智能专利申请量	74.23	2
3.2.2	人均人工智能专利授权量	100.00	1
3.2.3	人均5G专利申请量	22.03	1
3.2.4	人均5G专利授权量	36.43	2
4	人工智能产业与应用	20.61	10
4.1	人工智能产业	24.21	11
4.1.1	人工智能企业数量	12.30	15
4.1.2	人工智能企业平均融资金额	82.01	10
4.1.3	人工智能上市企业数量	2.00	9
4.1.4	人工智能从业人员人口参与率	0.54	27
4.2	人工智能应用	17.00	7
4.2.1	集成电路盈利水平	10.00	1
4.2.2	物联网TOP500企业占比	24.00	8

4. 英国各指标详细得分及排名情况

全球人工智能创新指数 – 第 4 名

指标序号	指标名称	得分	排名
1	**人工智能基础支撑**	**39.39**	**7**
1.1	**人工智能计算基础**	26.64	6
1.1.1	数据中心保有率	56.39	2
1.1.2	全球 TOP500 超算中心占比	4.40	8
1.1.3	人均发电量	19.11	29
1.2	**人工智能网络基础**	52.15	9
1.2.1	移动蜂窝电话订阅率	26.55	31
1.2.2	互联网使用率	92.60	5
1.2.3	固定宽带订阅率	80.99	12
1.2.4	5G 建设水平	8.45	17
2	**人工智能创新资源与环境**	**48.29**	**3**
2.1	**人工智能人才**	31.25	6
2.1.1	人工智能顶级学者人口参与率	17.60	4
2.1.2	人工智能开源代码贡献量	17.67	5
2.1.3	人工智能高收藏量开源代码占比	58.49	7
2.2	**人工智能教育**	58.91	5
2.2.1	高水平人工智能核心专业开设率	55.66	3
2.2.2	全日制科学和工程博士生占比	82.26	21
2.2.3	PISA 测试成绩	38.80	9
2.3	**国家研发投入**	34.05	18
2.3.1	国家研发投入强度	34.05	18
2.4	**人工智能创新制度**	68.93	2
2.4.1	国家人工智能发展政策与规划	63.37	2
2.4.2	国家人工智能社会治理	74.50	2

续表

指标序号	指标名称	得分	排名
3	人工智能科技研发	15.66	7
3.1	人工智能学术论文	30.59	6
3.1.1	人均人工智能论文产出量	30.09	15
3.1.2	人工智能顶级论文量	11.68	3
3.1.3	人工智能全球TOP100高被引论文占比	50.00	5
3.2	人工智能专利	0.72	16
3.2.1	人均人工智能专利申请量	2.78	14
3.2.2	人均人工智能专利授权量	0.00	14
3.2.3	人均5G专利申请量	0.12	20
3.2.4	人均5G专利授权量	0.00	9
4	人工智能产业与应用	33.79	3
4.1	人工智能产业	47.46	3
4.1.1	人工智能企业数量	80.50	3
4.1.2	人工智能企业平均融资金额	100.00	1
4.1.3	人工智能上市企业数量	6.00	6
4.1.4	人工智能从业人员人口参与率	3.34	7
4.2	人工智能应用	20.11	5
4.2.1	集成电路盈利水平	4.23	32
4.2.2	物联网TOP500企业占比	36.00	5

5. 新加坡各指标详细得分及排名情况

全球人工智能创新指数 – 第 5 名

指标序号	指标名称	得分	排名
1	人工智能基础支撑	29.38	21
1.1	人工智能计算基础	17.44	14
1.1.1	数据中心保有率	7.85	19
1.1.2	全球 TOP500 超算中心占比	1.60	14
1.1.3	人均发电量	42.86	8
1.2	人工智能网络基础	41.32	33
1.2.1	移动蜂窝电话订阅率	37.62	6
1.2.2	互联网使用率	65.54	36
1.2.3	固定宽带订阅率	51.88	34
1.2.4	5G 建设水平	10.25	12
2	人工智能创新资源与环境	51.45	2
2.1	人工智能人才	49.15	2
2.1.1	人工智能顶级学者人口参与率	100.00	1
2.1.2	人工智能开源代码贡献量	3.00	16
2.1.3	人工智能高收藏量开源代码占比	44.44	17
2.2	人工智能教育	63.32	3
2.2.1	高水平人工智能核心专业开设率	20.59	12
2.2.2	全日制科学和工程博士生占比	82.78	17
2.2.3	PISA 测试成绩	86.60	2
2.3	国家研发投入	38.49	16
2.3.1	国家研发投入强度	38.49	16
2.4	人工智能创新制度	54.84	4
2.4.1	国家人工智能发展政策与规划	51.03	4
2.4.2	国家人工智能社会治理	58.65	4

续表

指标序号	指标名称	得分	排名
3	人工智能科技研发	22.76	4
3.1	人工智能学术论文	42.25	3
3.1.1	人均人工智能论文产出量	100.00	1
3.1.2	人工智能顶级论文量	6.76	7
3.1.3	人工智能全球TOP100高被引论文占比	20.00	9
3.2	人工智能专利	3.26	10
3.2.1	人均人工智能专利申请量	11.91	7
3.2.2	人均人工智能专利授权量	0.00	14
3.2.3	人均5G专利申请量	1.13	9
3.2.4	人均5G专利授权量	0.00	9
4	人工智能产业与应用	20.86	9
4.1	人工智能产业	35.43	6
4.1.1	人工智能企业数量	22.40	9
4.1.2	人工智能企业平均融资金额	100.00	1
4.1.3	人工智能上市企业数量	2.00	9
4.1.4	人工智能从业人员人口参与率	17.30	1
4.2	人工智能应用	6.29	11
4.2.1	集成电路盈利水平	6.57	4
4.2.2	物联网TOP500企业占比	6.00	12

6. 加拿大各指标详细得分及排名情况

全球人工智能创新指数 – 第 6 名

指标序号	指标名称	得分	排名
1	**人工智能基础支撑**	**45.81**	**2**
1.1	**人工智能计算基础**	42.02	2
1.1.1	数据中心保有率	36.36	4
1.1.2	全球 TOP500 超算中心占比	4.40	8
1.1.3	人均发电量	85.32	1
1.2	**人工智能网络基础**	49.59	12
1.2.1	移动蜂窝电话订阅率	18.25	44
1.2.2	互联网使用率	87.14	12
1.2.3	固定宽带订阅率	83.60	7
1.2.4	5G 建设水平	9.35	14
2	**人工智能创新资源与环境**	**32.45**	**17**
2.1	**人工智能人才**	22.46	15
2.1.1	人工智能顶级学者人口参与率	14.52	6
2.1.2	人工智能开源代码贡献量	12.33	7
2.1.3	人工智能高收藏量开源代码占比	40.54	20
2.2	**人工智能教育**	57.73	6
2.2.1	高水平人工智能核心专业开设率	25.00	10
2.2.2	全日制科学和工程博士生占比	100.00	1
2.2.3	PISA 测试成绩	48.20	4
2.3	**国家研发投入**	30.85	19
2.3.1	国家研发投入强度	30.85	19
2.4	**人工智能创新制度**	18.73	11
2.4.1	国家人工智能发展政策与规划	14.88	12
2.4.2	国家人工智能社会治理	22.58	10

续表

指标序号	指标名称	得分	排名
3	人工智能科技研发	13.14	9
3.1	人工智能学术论文	25.19	9
3.1.1	人均人工智能论文产出量	39.40	7
3.1.2	人工智能顶级论文量	6.16	9
3.1.3	人工智能全球 TOP100 高被引论文占比	30.00	8
3.2	人工智能专利	1.09	14
3.2.1	人均人工智能专利申请量	3.79	13
3.2.2	人均人工智能专利授权量	0.00	14
3.2.3	人均 5G 专利申请量	0.58	11
3.2.4	人均 5G 专利授权量	0.00	9
4	人工智能产业与应用	24.30	6
4.1	人工智能产业	40.48	4
4.1.1	人工智能企业数量	46.50	5
4.1.2	人工智能企业平均融资金额	100.00	1
4.1.3	人工智能上市企业数量	12.00	3
4.1.4	人工智能从业人员人口参与率	3.41	6
4.2	人工智能应用	8.13	9
4.2.1	集成电路盈利水平	4.26	26
4.2.2	物联网 TOP500 企业占比	12.00	9

7. 德国各指标详细得分及排名情况

全球人工智能创新指数 – 第 7 名

指标序号	指标名称	得分	排名
1	**人工智能基础支撑**	40.81	4
1.1	**人工智能计算基础**	28.89	5
1.1.1	数据中心保有率	46.68	3
1.1.2	全球 TOP500 超算中心占比	9.20	4
1.1.3	人均发电量	30.78	18
1.2	**人工智能网络基础**	52.73	8
1.2.1	移动蜂窝电话订阅率	31.32	20
1.2.2	互联网使用率	85.45	15
1.2.3	固定宽带订阅率	86.03	6
1.2.4	5G 建设水平	8.11	19
2	**人工智能创新资源与环境**	33.72	15
2.1	**人工智能人才**	27.02	9
2.1.1	人工智能顶级学者人口参与率	12.23	8
2.1.2	人工智能开源代码贡献量	19.67	4
2.1.3	人工智能高收藏量开源代码占比	49.15	16
2.2	**人工智能教育**	43.20	16
2.2.1	高水平人工智能核心专业开设率	14.04	15
2.2.2	全日制科学和工程博士生占比	77.37	28
2.2.3	PISA 测试成绩	38.20	12
2.3	**国家研发投入**	62.65	6
2.3.1	国家研发投入强度	62.65	6
2.4	**人工智能创新制度**	2.02	43
2.4.1	国家人工智能发展政策与规划	1.53	44
2.4.2	国家人工智能社会治理	2.50	42

续表

指标序号	指标名称	得分	排名
3	人工智能科技研发	11.14	12
3.1	人工智能学术论文	15.23	17
3.1.1	人均人工智能论文产出量	27.32	20
3.1.2	人工智能顶级论文量	8.36	5
3.1.3	人工智能全球TOP100高被引论文占比	10.00	14
3.2	人工智能专利	7.06	7
3.2.1	人均人工智能专利申请量	19.25	5
3.2.2	人均人工智能专利授权量	6.98	7
3.2.3	人均5G专利申请量	1.56	8
3.2.4	人均5G专利授权量	0.46	7
4	人工智能产业与应用	25.89	5
4.1	人工智能产业	30.55	8
4.1.1	人工智能企业数量	35.70	6
4.1.2	人工智能企业平均融资金额	85.41	9
4.1.3	人工智能上市企业数量	0.00	16
4.1.4	人工智能从业人员人口参与率	1.09	19
4.2	人工智能应用	21.22	4
4.2.1	集成电路盈利水平	4.44	8
4.2.2	物联网TOP500企业占比	38.00	4

8. 日本各指标详细得分及排名情况

全球人工智能创新指数 – 第 8 名

指标序号	指标名称	得分	排名
1	**人工智能基础支撑**	34.34	12
1.1	**人工智能计算基础**	20.05	11
1.1.1	数据中心保有率	10.12	17
1.1.2	全球 TOP500 超算中心占比	13.60	3
1.1.3	人均发电量	36.43	13
1.2	**人工智能网络基础**	48.63	15
1.2.1	移动蜂窝电话订阅率	40.81	4
1.2.2	互联网使用率	77.99	26
1.2.3	固定宽带订阅率	69.00	18
1.2.4	5G 建设水平	6.74	25
2	**人工智能创新资源与环境**	40.27	7
2.1	**人工智能人才**	22.56	11
2.1.1	人工智能顶级学者人口参与率	6.02	19
2.1.2	人工智能开源代码贡献量	1.67	24
2.1.3	人工智能高收藏量开源代码占比	60.00	6
2.2	**人工智能教育**	38.61	26
2.2.1	高水平人工智能核心专业开设率	2.43	32
2.2.2	全日制科学和工程博士生占比	66.81	39
2.2.3	PISA 测试成绩	46.60	5
2.3	**国家研发投入**	65.50	4
2.3.1	国家研发投入强度	65.50	4
2.4	**人工智能创新制度**	34.41	5
2.4.1	国家人工智能发展政策与规划	34.95	5
2.4.2	国家人工智能社会治理	33.87	6

续表

指标序号	指标名称	得分	排名
3	人工智能科技研发	11.75	11
3.1	人工智能学术论文	12.75	19
3.1.1	人均人工智能论文产出量	22.88	26
3.1.2	人工智能顶级论文量	5.36	10
3.1.3	人工智能全球 TOP100 高被引论文占比	10.00	14
3.2	人工智能专利	10.75	4
3.2.1	人均人工智能专利申请量	24.71	4
3.2.2	人均人工智能专利授权量	11.12	6
3.2.3	人均 5G 专利申请量	6.22	6
3.2.4	人均 5G 专利授权量	0.95	6
4	人工智能产业与应用	21.84	8
4.1	人工智能产业	24.07	12
4.1.1	人工智能企业数量	21.40	10
4.1.2	人工智能企业平均融资金额	63.05	14
4.1.3	人工智能上市企业数量	11.00	4
4.1.4	人工智能从业人员人口参与率	0.84	21
4.2	人工智能应用	19.60	6
4.2.1	集成电路盈利水平	7.20	3
4.2.2	物联网 TOP500 企业占比	32.00	6

9. 法国各指标详细得分及排名情况

全球人工智能创新指数 – 第 9 名

指标序号	指标名称	得分	排名
1	**人工智能基础支撑**	37.54	8
1.1	**人工智能计算基础**	25.33	8
1.1.1	数据中心保有率	32.43	6
1.1.2	全球 TOP500 超算中心占比	6.40	5
1.1.3	人均发电量	37.15	11
1.2	**人工智能网络基础**	49.75	11
1.2.1	移动蜂窝电话订阅率	24.58	34
1.2.2	互联网使用率	72.14	30
1.2.3	固定宽带订阅率	93.84	2
1.2.4	5G 建设水平	8.45	18
2	**人工智能创新资源与环境**	35.55	12
2.1	**人工智能人才**	14.86	25
2.1.1	人工智能顶级学者人口参与率	5.61	20
2.1.2	人工智能开源代码贡献量	12.67	6
2.1.3	人工智能高收藏量开源代码占比	26.32	27
2.2	**人工智能教育**	57.27	7
2.2.1	高水平人工智能核心专业开设率	40.00	6
2.2.2	全日制科学和工程博士生占比	100.00	1
2.2.3	PISA 测试成绩	31.80	17
2.3	**国家研发投入**	43.86	11
2.3.1	国家研发投入强度	43.86	11
2.4	**人工智能创新制度**	26.23	7
2.4.1	国家人工智能发展政策与规划	25.46	7
2.4.2	国家人工智能社会治理	27.00	7

续表

指标序号	指标名称	得分	排名
3	人工智能科技研发	6.11	23
3.1	人工智能学术论文	11.71	20
3.1.1	人均人工智能论文产出量	19.80	31
3.1.2	人工智能顶级论文量	5.32	11
3.1.3	人工智能全球TOP100高被引论文占比	10.00	14
3.2	人工智能专利	0.51	18
3.2.1	人均人工智能专利申请量	1.84	18
3.2.2	人均人工智能专利授权量	0.00	14
3.2.3	人均5G专利申请量	0.20	17
3.2.4	人均5G专利授权量	0.00	9
4	人工智能产业与应用	28.45	4
4.1	人工智能产业	33.48	7
4.1.1	人工智能企业数量	29.70	8
4.1.2	人工智能企业平均融资金额	100.00	1
4.1.3	人工智能上市企业数量	3.00	8
4.1.4	人工智能从业人员人口参与率	1.23	15
4.2	人工智能应用	23.42	3
4.2.1	集成电路盈利水平	4.84	6
4.2.2	物联网TOP500企业占比	42.00	3

10. 澳大利亚各指标详细得分及排名情况

全球人工智能创新指数 – 第 10 名

指标序号	指标名称	得分	排名
1	人工智能基础支撑	36.19	10
1.1	人工智能计算基础	25.58	7
1.1.1	数据中心保有率	25.82	7
1.1.2	全球 TOP500 超算中心占比	0.80	19
1.1.3	人均发电量	50.13	6
1.2	人工智能网络基础	46.79	19
1.2.1	移动蜂窝电话订阅率	23.07	37
1.2.2	互联网使用率	80.79	23
1.2.3	固定宽带订阅率	70.10	17
1.2.4	5G 建设水平	13.21	6
2	人工智能创新资源与环境	44.24	6
2.1	人工智能人才	15.03	24
2.1.1	人工智能顶级学者人口参与率	13.41	7
2.1.2	人工智能开源代码贡献量	5.00	11
2.1.3	人工智能高收藏量开源代码占比	26.67	26
2.2	人工智能教育	63.31	4
2.2.1	高水平人工智能核心专业开设率	69.05	2
2.2.2	全日制科学和工程博士生占比	83.07	16
2.2.3	PISA 测试成绩	37.80	13
2.3	国家研发投入	37.49	17
2.3.1	国家研发投入强度	37.49	17
2.4	人工智能创新制度	61.13	3
2.4.1	国家人工智能发展政策与规划	57.43	3
2.4.2	国家人工智能社会治理	64.83	3

续表

指标序号	指标名称	得分	排名
3	人工智能科技研发	16.80	6
3.1	人工智能学术论文	25.81	8
3.1.1	人均人工智能论文产出量	29.06	18
3.1.2	人工智能顶级论文量	8.36	5
3.1.3	人工智能全球TOP100高被引论文占比	40.00	6
3.2	人工智能专利	7.79	6
3.2.1	人均人工智能专利申请量	11.70	8
3.2.2	人均人工智能专利授权量	13.27	5
3.2.3	人均5G专利申请量	2.09	7
3.2.4	人均5G专利授权量	4.10	4
4	人工智能产业与应用	10.02	17
4.1	人工智能产业	14.90	18
4.1.1	人工智能企业数量	13.70	14
4.1.2	人工智能企业平均融资金额	33.01	23
4.1.3	人工智能上市企业数量	9.00	5
4.1.4	人工智能从业人员人口参与率	3.90	5
4.2	人工智能应用	5.13	13
4.2.1	集成电路盈利水平	4.27	24
4.2.2	物联网TOP500企业占比	6.00	12

11. 以色列各指标详细得分及排名情况

全球人工智能创新指数 – 第 11 名

指标序号	指标名称	得分	排名
1	**人工智能基础支撑**	**28.51**	**26**
1.1	**人工智能计算基础**	14.23	17
1.1.1	数据中心保有率	2.07	42
1.1.2	全球 TOP500 超算中心占比	0.00	27
1.1.3	人均发电量	40.62	9
1.2	**人工智能网络基础**	42.80	30
1.2.1	移动蜂窝电话订阅率	32.68	14
1.2.2	互联网使用率	73.69	28
1.2.3	固定宽带订阅率	60.13	28
1.2.4	5G 建设水平	4.72	39
2	**人工智能创新资源与环境**	**47.85**	**4**
2.1	**人工智能人才**	31.78	5
2.1.1	人工智能顶级学者人口参与率	37.11	3
2.1.2	人工智能开源代码贡献量	3.67	15
2.1.3	人工智能高收藏量开源代码占比	54.55	8
2.2	**人工智能教育**	51.40	9
2.2.1	高水平人工智能核心专业开设率	23.81	11
2.2.2	全日制科学和工程博士生占比	100.00	1
2.2.3	PISA 测试成绩	30.40	22
2.3	**国家研发投入**	98.82	1
2.3.1	国家研发投入强度	98.82	1
2.4	**人工智能创新制度**	9.42	25
2.4.1	国家人工智能发展政策与规划	7.18	27
2.4.2	国家人工智能社会治理	11.67	21

续表

指标序号	指标名称	得分	排名
3	人工智能科技研发	6.82	22
3.1	人工智能学术论文	10.83	23
3.1.1	人均人工智能论文产出量	29.16	17
3.1.2	人工智能顶级论文量	3.32	13
3.1.3	人工智能全球TOP100高被引论文占比	0.00	20
3.2	人工智能专利	2.81	11
3.2.1	人均人工智能专利申请量	10.28	9
3.2.2	人均人工智能专利授权量	0.48	12
3.2.3	人均5G专利申请量	0.48	12
3.2.4	人均5G专利授权量	0.00	9
4	人工智能产业与应用	22.29	7
4.1	人工智能产业	38.35	5
4.1.1	人工智能企业数量	34.10	7
4.1.2	人工智能企业平均融资金额	100.00	1
4.1.3	人工智能上市企业数量	6.00	6
4.1.4	人工智能从业人员人口参与率	13.31	2
4.2	人工智能应用	6.23	12
4.2.1	集成电路盈利水平	4.47	7
4.2.2	物联网TOP500企业占比	8.00	11

12. 瑞典各指标详细得分及排名情况

全球人工智能创新指数 – 第 12 名

指标序号	指标名称	得分	排名
1	**人工智能基础支撑**	42.99	3
1.1	**人工智能计算基础**	32.28	4
1.1.1	数据中心保有率	12.19	14
1.1.2	全球 TOP500 超算中心占比	1.20	16
1.1.3	人均发电量	83.44	2
1.2	**人工智能网络基础**	53.70	6
1.2.1	移动蜂窝电话订阅率	31.33	19
1.2.2	互联网使用率	92.20	6
1.2.3	固定宽带订阅率	81.22	11
1.2.4	5G 建设水平	10.07	13
2	**人工智能创新资源与环境**	37.87	9
2.1	**人工智能人才**	19.68	19
2.1.1	人工智能顶级学者人口参与率	7.04	16
2.1.2	人工智能开源代码贡献量	2.00	20
2.1.3	人工智能高收藏量开源代码占比	50.00	12
2.2	**人工智能教育**	56.10	8
2.2.1	高水平人工智能核心专业开设率	41.03	5
2.2.2	全日制科学和工程博士生占比	88.47	11
2.2.3	PISA 测试成绩	38.80	9
2.3	**国家研发投入**	66.26	3
2.3.1	国家研发投入强度	66.26	3
2.4	**人工智能创新制度**	9.46	24
2.4.1	国家人工智能发展政策与规划	8.06	24
2.4.2	国家人工智能社会治理	10.85	25

续表

指标序号	指标名称	得分	排名
3	人工智能科技研发	7.97	18
3.1	人工智能学术论文	10.31	25
3.1.1	人均人工智能论文产出量	30.26	14
3.1.2	人工智能顶级论文量	0.68	22
3.1.3	人工智能全球 TOP100 高被引论文占比	0.00	20
3.2	人工智能专利	5.62	8
3.2.1	人均人工智能专利申请量	6.40	12
3.2.2	人均人工智能专利授权量	0.00	14
3.2.3	人均 5G 专利申请量	16.09	4
3.2.4	人均 5G 专利授权量	0.00	9
4	人工智能产业与应用	8.63	22
4.1	人工智能产业	14.14	20
4.1.1	人工智能企业数量	8.40	18
4.1.2	人工智能企业平均融资金额	44.90	18
4.1.3	人工智能上市企业数量	2.00	9
4.1.4	人工智能从业人员人口参与率	1.24	13
4.2	人工智能应用	3.12	20
4.2.1	集成电路盈利水平	4.23	30
4.2.2	物联网 TOP500 企业占比	2.00	19

13. 卢森堡各指标详细得分及排名情况

全球人工智能创新指数 – 第 13 名

指标序号	指标名称	得分	排名
1	**人工智能基础支撑**	30.74	17
1.1	**人工智能计算基础**	6.05	38
1.1.1	数据中心保有率	3.10	36
1.1.2	全球 TOP500 超算中心占比	0.80	19
1.1.3	人均发电量	14.27	34
1.2	**人工智能网络基础**	55.43	4
1.2.1	移动蜂窝电话订阅率	36.87	9
1.2.2	互联网使用率	98.32	1
1.2.3	固定宽带订阅率	75.13	13
1.2.4	5G 建设水平	11.40	7
2	**人工智能创新资源与环境**	37.42	10
2.1	**人工智能人才**	28.34	7
2.1.1	人工智能顶级学者人口参与率	85.01	2
2.1.2	人工智能开源代码贡献量	0.00	38
2.1.3	人工智能高收藏量开源代码占比	0.00	32
2.2	**人工智能教育**	76.27	1
2.2.1	高水平人工智能核心专业开设率	100.00	1
2.2.2	全日制科学和工程博士生占比	100.00	1
2.2.3	PISA 测试成绩	28.80	24
2.3	**国家研发投入**	24.23	25
2.3.1	国家研发投入强度	24.23	25
2.4	**人工智能创新制度**	20.84	8
2.4.1	国家人工智能发展政策与规划	18.76	8
2.4.2	国家人工智能社会治理	22.92	9

续表

指标序号	指标名称	得分	排名
3	人工智能科技研发	21.92	5
3.1	人工智能学术论文	33.36	5
3.1.1	人均人工智能论文产出量	100.00	1
3.1.2	人工智能顶级论文量	0.08	36
3.1.3	人工智能全球 TOP100 高被引论文占比	0.00	20
3.2	人工智能专利	10.48	5
3.2.1	人均人工智能专利申请量	16.13	6
3.2.2	人均人工智能专利授权量	25.81	4
3.2.3	人均 5G 专利申请量	0.00	22
3.2.4	人均 5G 专利授权量	0.00	9
4	人工智能产业与应用	5.64	29
4.1	人工智能产业	9.13	26
4.1.1	人工智能企业数量	0.60	43
4.1.2	人工智能企业平均融资金额	34.81	22
4.1.3	人工智能上市企业数量	0.00	16
4.1.4	人工智能从业人员人口参与率	1.13	17
4.2	人工智能应用	2.15	25
4.2.1	集成电路盈利水平	4.30	11
4.2.2	物联网 TOP500 企业占比	0.00	23

14. 荷兰各指标详细得分及排名情况

全球人工智能创新指数 – 第 14 名

指标序号	指标名称	得分	排名
1	**人工智能基础支撑**	37.45	9
1.1	**人工智能计算基础**	20.92	10
1.1.1	数据中心保有率	23.96	8
1.1.2	全球 TOP500 超算中心占比	6.40	5
1.1.3	人均发电量	32.41	17
1.2	**人工智能网络基础**	53.97	5
1.2.1	移动蜂窝电话订阅率	29.99	21
1.2.2	互联网使用率	87.62	11
1.2.3	固定宽带订阅率	87.83	4
1.2.4	5G 建设水平	10.45	11
2	**人工智能创新资源与环境**	32.51	16
2.1	**人工智能人才**	20.28	17
2.1.1	人工智能顶级学者人口参与率	6.85	17
2.1.2	人工智能开源代码贡献量	4.00	14
2.1.3	人工智能高收藏量开源代码占比	50.00	12
2.2	**人工智能教育**	50.16	12
2.2.1	高水平人工智能核心专业开设率	27.78	8
2.2.2	全日制科学和工程博士生占比	79.11	27
2.2.3	PISA 测试成绩	43.60	6
2.3	**国家研发投入**	43.27	12
2.3.1	国家研发投入强度	43.27	12
2.4	**人工智能创新制度**	16.30	13
2.4.1	国家人工智能发展政策与规划	13.94	13
2.4.2	国家人工智能社会治理	18.67	14

续表

指标序号	指标名称	得分	排名
3	人工智能科技研发	7.97	17
3.1	人工智能学术论文	15.43	16
3.1.1	人均人工智能论文产出量	25.02	23
3.1.2	人工智能顶级论文量	1.28	17
3.1.3	人工智能全球 TOP100 高被引论文占比	20.00	9
3.2	人工智能专利	0.51	17
3.2.1	人均人工智能专利申请量	1.83	19
3.2.2	人均人工智能专利授权量	0.00	14
3.2.3	人均 5G 专利申请量	0.22	16
3.2.4	人均 5G 专利授权量	0.00	9
4	人工智能产业与应用	9.49	19
4.1	人工智能产业	11.90	22
4.1.1	人工智能企业数量	14.60	13
4.1.2	人工智能企业平均融资金额	32.99	24
4.1.3	人工智能上市企业数量	0.00	16
4.1.4	人工智能从业人员人口参与率	0.00	46
4.2	人工智能应用	7.07	10
4.2.1	集成电路盈利水平	4.15	37
4.2.2	物联网 TOP500 企业占比	10.00	10

15. 比利时各指标详细得分及排名情况

全球人工智能创新指数 – 第 15 名

指标序号	指标名称	得分	排名
1	**人工智能基础支撑**	31.76	15
1.1	**人工智能计算基础**	14.47	16
1.1.1	数据中心保有率	7.44	20
1.1.2	全球 TOP500 超算中心占比	0.00	27
1.1.3	人均发电量	35.97	14
1.2	**人工智能网络基础**	49.05	13
1.2.1	移动蜂窝电话订阅率	19.79	41
1.2.2	互联网使用率	87.89	10
1.2.3	固定宽带订阅率	81.70	8
1.2.4	5G 建设水平	6.81	24
2	**人工智能创新资源与环境**	36.25	11
2.1	**人工智能人才**	24.53	10
2.1.1	人工智能顶级学者人口参与率	4.94	23
2.1.2	人工智能开源代码贡献量	2.00	20
2.1.3	人工智能高收藏量开源代码占比	66.67	3
2.2	**人工智能教育**	46.14	14
2.2.1	高水平人工智能核心专业开设率	17.46	14
2.2.2	全日制科学和工程博士生占比	82.16	22
2.2.3	PISA 测试成绩	38.80	9
2.3	**国家研发投入**	55.32	9
2.3.1	国家研发投入强度	55.32	9
2.4	**人工智能创新制度**	19.02	10
2.4.1	国家人工智能发展政策与规划	17.59	9
2.4.2	国家人工智能社会治理	20.45	12

续表

指标序号	指标名称	得分	排名
3	人工智能科技研发	4.27	31
3.1	人工智能学术论文	8.30	31
3.1.1	人均人工智能论文产出量	23.73	24
3.1.2	人工智能顶级论文量	1.16	18
3.1.3	人工智能全球TOP100高被引论文占比	0.00	20
3.2	人工智能专利	0.25	22
3.2.1	人均人工智能专利申请量	0.20	27
3.2.2	人均人工智能专利授权量	0.78	9
3.2.3	人均5G专利申请量	0.00	22
3.2.4	人均5G专利授权量	0.00	9
4	人工智能产业与应用	14.15	12
4.1	人工智能产业	26.22	10
4.1.1	人工智能企业数量	5.70	22
4.1.2	人工智能企业平均融资金额	98.08	8
4.1.3	人工智能上市企业数量	0.00	16
4.1.4	人工智能从业人员人口参与率	1.10	18
4.2	人工智能应用	2.07	42
4.2.1	集成电路盈利水平	4.15	36
4.2.2	物联网TOP500企业占比	0.00	23

16. 丹麦各指标详细得分及排名情况

全球人工智能创新指数 – 第 16 名

指标序号	指标名称	得分	排名
1	**人工智能基础支撑**	32.58	13
1.1	**人工智能计算基础**	9.13	27
1.1.1	数据中心保有率	7.02	21
1.1.2	全球 TOP500 超算中心占比	0.00	27
1.1.3	人均发电量	20.36	26
1.2	**人工智能网络基础**	56.04	2
1.2.1	移动蜂窝电话订阅率	29.34	23
1.2.2	互联网使用率	95.07	3
1.2.3	固定宽带订阅率	88.80	3
1.2.4	5G 建设水平	10.94	9
2	**人工智能创新资源与环境**	34.95	13
2.1	**人工智能人才**	14.55	26
2.1.1	人工智能顶级学者人口参与率	8.32	12
2.1.2	人工智能开源代码贡献量	2.00	20
2.1.3	人工智能高收藏量开源代码占比	33.33	22
2.2	**人工智能教育**	50.80	11
2.2.1	高水平人工智能核心专业开设率	30.77	7
2.2.2	全日制科学和工程博士生占比	90.02	10
2.2.3	PISA 测试成绩	31.60	18
2.3	**国家研发投入**	60.66	7
2.3.1	国家研发投入强度	60.66	7
2.4	**人工智能创新制度**	13.81	17
2.4.1	国家人工智能发展政策与规划	10.53	19
2.4.2	国家人工智能社会治理	17.08	15

续表

指标序号	指标名称	得分	排名
3	人工智能科技研发	5.59	24
3.1	人工智能学术论文	9.03	30
3.1.1	人均人工智能论文产出量	26.38	22
3.1.2	人工智能顶级论文量	0.72	21
3.1.3	人工智能全球TOP100高被引论文占比	0.00	20
3.2	人工智能专利	2.15	12
3.2.1	人均人工智能专利申请量	7.93	10
3.2.2	人均人工智能专利授权量	0.66	10
3.2.3	人均5G专利申请量	0.00	22
3.2.4	人均5G专利授权量	0.00	9
4	人工智能产业与应用	11.12	14
4.1	人工智能产业	20.10	14
4.1.1	人工智能企业数量	6.00	21
4.1.2	人工智能企业平均融资金额	72.48	13
4.1.3	人工智能上市企业数量	0.00	16
4.1.4	人工智能从业人员人口参与率	1.92	11
4.2	人工智能应用	2.15	30
4.2.1	集成电路盈利水平	4.29	16
4.2.2	物联网TOP500企业占比	0.00	23

17. 芬兰各指标详细得分及排名情况

全球人工智能创新指数 – 第 17 名

指标序号	指标名称	得分	排名
1	**人工智能基础支撑**	**35.39**	**11**
1.1	**人工智能计算基础**	21.91	9
1.1.1	数据中心保有率	4.75	29
1.1.2	全球 TOP500 超算中心占比	0.80	19
1.1.3	人均发电量	60.19	4
1.2	**人工智能网络基础**	48.87	14
1.2.1	移动蜂窝电话订阅率	31.40	18
1.2.2	互联网使用率	88.81	8
1.2.3	固定宽带订阅率	66.63	22
1.2.4	5G 建设水平	8.62	16
2	**人工智能创新资源与环境**	**30.89**	**18**
2.1	**人工智能人才**	2.70	34
2.1.1	人工智能顶级学者人口参与率	7.44	15
2.1.2	人工智能开源代码贡献量	0.67	30
2.1.3	人工智能高收藏量开源代码占比	0.00	32
2.2	**人工智能教育**	48.26	13
2.2.1	高水平人工智能核心专业开设率	20.00	13
2.2.2	全日制科学和工程博士生占比	82.77	18
2.2.3	PISA 测试成绩	42.00	8
2.3	**国家研发投入**	55.11	10
2.3.1	国家研发投入强度	55.11	10
2.4	**人工智能创新制度**	17.47	12
2.4.1	国家人工智能发展政策与规划	15.27	11
2.4.2	国家人工智能社会治理	19.67	13

续表

指标序号	指标名称	得分	排名
3	**人工智能科技研发**	7.76	20
3.1	**人工智能学术论文**	10.78	24
3.1.1	人均人工智能论文产出量	31.47	11
3.1.2	人工智能顶级论文量	0.88	20
3.1.3	人工智能全球TOP100高被引论文占比	0.00	20
3.2	**人工智能专利**	4.75	9
3.2.1	人均人工智能专利申请量	6.57	11
3.2.2	人均人工智能专利授权量	0.00	14
3.2.3	人均5G专利申请量	12.41	5
3.2.4	人均5G专利授权量	0.00	9
4	**人工智能产业与应用**	9.17	20
4.1	**人工智能产业**	13.22	21
4.1.1	人工智能企业数量	6.10	20
4.1.2	人工智能企业平均融资金额	44.56	19
4.1.3	人工智能上市企业数量	0.00	16
4.1.4	人工智能从业人员人口参与率	2.23	9
4.2	**人工智能应用**	5.12	14
4.2.1	集成电路盈利水平	4.24	27
4.2.2	物联网TOP500企业占比	6.00	12

18. 奥地利各指标详细得分及排名情况

全球人工智能创新指数 – 第 18 名

指标序号	指标名称	得分	排名
1	**人工智能基础支撑**	28.89	25
1.1	**人工智能计算基础**	14.16	18
1.1.1	数据中心保有率	5.16	26
1.1.2	全球 TOP500 超算中心占比	0.40	24
1.1.3	人均发电量	36.90	12
1.2	**人工智能网络基础**	43.63	27
1.2.1	移动蜂窝电话订阅率	27.44	28
1.2.2	互联网使用率	82.18	18
1.2.3	固定宽带订阅率	57.87	32
1.2.4	5G 建设水平	7.01	22
2	**人工智能创新资源与环境**	34.13	14
2.1	**人工智能人才**	19.84	18
2.1.1	人工智能顶级学者人口参与率	12.08	9
2.1.2	人工智能开源代码贡献量	3.00	16
2.1.3	人工智能高收藏量开源代码占比	44.44	17
2.2	**人工智能教育**	42.56	18
2.2.1	高水平人工智能核心专业开设率	12.33	16
2.2.2	全日制科学和工程博士生占比	83.97	15
2.2.3	PISA 测试成绩	31.40	19
2.3	**国家研发投入**	64.21	5
2.3.1	国家研发投入强度	64.21	5
2.4	**人工智能创新制度**	9.91	21
2.4.1	国家人工智能发展政策与规划	8.65	23
2.4.2	国家人工智能社会治理	11.17	23

续表

指标序号	指标名称	得分	排名
3	人工智能科技研发	8.11	16
3.1	人工智能学术论文	15.84	14
3.1.1	人均人工智能论文产出量	26.44	21
3.1.2	人工智能顶级论文量	1.08	19
3.1.3	人工智能全球TOP100高被引论文占比	20.00	9
3.2	人工智能专利	0.38	20
3.2.1	人均人工智能专利申请量	1.52	20
3.2.2	人均人工智能专利授权量	0.00	14
3.2.3	人均5G专利申请量	0.00	22
3.2.4	人均5G专利授权量	0.00	9
4	人工智能产业与应用	8.31	23
4.1	人工智能产业	14.49	19
4.1.1	人工智能企业数量	5.00	23
4.1.2	人工智能企业平均融资金额	51.87	17
4.1.3	人工智能上市企业数量	0.00	16
4.1.4	人工智能从业人员人口参与率	1.07	20
4.2	人工智能应用	2.13	36
4.2.1	集成电路盈利水平	4.27	23
4.2.2	物联网TOP500企业占比	0.00	23

19. 西班牙各指标详细得分及排名情况

全球人工智能创新指数 – 第 19 名

指标序号	指标名称	得分	排名
1	人工智能基础支撑	30.26	18
1.1	人工智能计算基础	12.59	22
1.1.1	数据中心保有率	13.84	11
1.1.2	全球 TOP500 超算中心占比	0.40	24
1.1.3	人均发电量	23.54	21
1.2	人工智能网络基础	47.93	17
1.2.1	移动蜂窝电话订阅率	27.61	27
1.2.2	互联网使用率	90.29	7
1.2.3	固定宽带订阅率	67.80	19
1.2.4	5G 建设水平	6.02	29
2	人工智能创新资源与环境	21.92	24
2.1	人工智能人才	10.87	29
2.1.1	人工智能顶级学者人口参与率	2.29	25
2.1.2	人工智能开源代码贡献量	5.33	10
2.1.3	人工智能高收藏量开源代码占比	25.00	28
2.2	人工智能教育	42.69	17
2.2.1	高水平人工智能核心专业开设率	26.67	9
2.2.2	全日制科学和工程博士生占比	81.40	25
2.2.3	PISA 测试成绩	20.00	34
2.3	国家研发投入	24.86	24
2.3.1	国家研发投入强度	24.86	24
2.4	人工智能创新制度	9.25	26
2.4.1	国家人工智能发展政策与规划	8.67	22
2.4.2	国家人工智能社会治理	9.83	26

续表

指标序号	指标名称	得分	排名
3	**人工智能科技研发**	9.48	14
3.1	**人工智能学术论文**	17.18	12
3.1.1	人均人工智能论文产出量	28.51	19
3.1.2	人工智能顶级论文量	3.04	14
3.1.3	人工智能全球 TOP100 高被引论文占比	20.00	9
3.2	**人工智能专利**	1.78	13
3.2.1	人均人工智能专利申请量	2.03	17
3.2.2	人均人工智能专利授权量	3.03	8
3.2.3	人均 5G 专利申请量	0.78	10
3.2.4	人均 5G 专利授权量	1.30	5
4	**人工智能产业与应用**	7.58	24
4.1	**人工智能产业**	11.05	23
4.1.1	人工智能企业数量	17.30	12
4.1.2	人工智能企业平均融资金额	25.64	26
4.1.3	人工智能上市企业数量	0.00	16
4.1.4	人工智能从业人员人口参与率	1.24	14
4.2	**人工智能应用**	4.12	16
4.2.1	集成电路盈利水平	4.24	29
4.2.2	物联网 TOP500 企业占比	4.00	15

20. 葡萄牙各指标详细得分及排名情况

全球人工智能创新指数 – 第 20 名

指标序号	指标名称	得分	排名
1	**人工智能基础支撑**	27.66	28
1.1	**人工智能计算基础**	9.59	26
1.1.1	数据中心保有率	6.20	23
1.1.2	全球 TOP500 超算中心占比	0.00	27
1.1.3	人均发电量	22.58	23
1.2	**人工智能网络基础**	45.73	23
1.2.1	移动蜂窝电话订阅率	26.51	32
1.2.2	互联网使用率	68.95	33
1.2.3	固定宽带订阅率	81.61	10
1.2.4	5G 建设水平	5.85	31
2	**人工智能创新资源与环境**	26.39	21
2.1	**人工智能人才**	19.39	20
2.1.1	人工智能顶级学者人口参与率	7.49	14
2.1.2	人工智能开源代码贡献量	0.67	30
2.1.3	人工智能高收藏量开源代码占比	50.00	12
2.2	**人工智能教育**	38.94	25
2.2.1	高水平人工智能核心专业开设率	5.43	25
2.2.2	全日制科学和工程博士生占比	81.00	26
2.2.3	PISA 测试成绩	30.40	22
2.3	**国家研发投入**	26.95	23
2.3.1	国家研发投入强度	26.95	23
2.4	**人工智能创新制度**	20.27	9
2.4.1	国家人工智能发展政策与规划	16.88	10
2.4.2	国家人工智能社会治理	23.67	8

续表

指标序号	指标名称	得分	排名
3	**人工智能科技研发**	**8.32**	**15**
3.1	**人工智能学术论文**	16.59	13
3.1.1	人均人工智能论文产出量	49.46	4
3.1.2	人工智能顶级论文量	0.32	27
3.1.3	人工智能全球TOP100高被引论文占比	0.00	20
3.2	**人工智能专利**	0.05	30
3.2.1	人均人工智能专利申请量	0.19	28
3.2.2	人均人工智能专利授权量	0.00	14
3.2.3	人均5G专利申请量	0.00	22
3.2.4	人均5G专利授权量	0.00	9
4	**人工智能产业与应用**	**6.27**	**26**
4.1	**人工智能产业**	10.43	25
4.1.1	人工智能企业数量	3.70	27
4.1.2	人工智能企业平均融资金额	37.22	21
4.1.3	人工智能上市企业数量	0.00	16
4.1.4	人工智能从业人员人口参与率	0.79	23
4.2	**人工智能应用**	2.11	40
4.2.1	集成电路盈利水平	4.22	33
4.2.2	物联网TOP500企业占比	0.00	23

21. 意大利各指标详细得分及排名情况

全球人工智能创新指数 – 第 21 名

指标序号	指标名称	得分	排名
1	**人工智能基础支撑**	**24.17**	**35**
1.1	**人工智能计算基础**	12.54	23
1.1.1	数据中心保有率	15.91	10
1.1.2	全球 TOP500 超算中心占比	2.40	10
1.1.3	人均发电量	19.31	28
1.2	**人工智能网络基础**	35.80	38
1.2.1	移动蜂窝电话订阅率	31.47	17
1.2.2	互联网使用率	47.26	43
1.2.3	固定宽带订阅率	59.06	30
1.2.4	5G 建设水平	5.41	35
2	**人工智能创新资源与环境**	**26.74**	**20**
2.1	**人工智能人才**	17.43	22
2.1.1	人工智能顶级学者人口参与率	5.44	21
2.1.2	人工智能开源代码贡献量	5.67	9
2.1.3	人工智能高收藏量开源代码占比	41.18	19
2.2	**人工智能教育**	51.10	10
2.2.1	高水平人工智能核心专业开设率	46.67	4
2.2.2	全日制科学和工程博士生占比	82.42	20
2.2.3	PISA 测试成绩	24.20	27
2.3	**国家研发投入**	27.84	22
2.3.1	国家研发投入强度	27.84	22
2.4	**人工智能创新制度**	10.60	20
2.4.1	国家人工智能发展政策与规划	10.13	20
2.4.2	国家人工智能社会治理	11.08	24

续表

指标序号	指标名称	得分	排名
3	人工智能科技研发	10.96	13
3.1	人工智能学术论文	21.85	11
3.1.1	人均人工智能论文产出量	41.51	6
3.1.2	人工智能顶级论文量	4.04	12
3.1.3	人工智能全球TOP100高被引论文占比	20.00	9
3.2	人工智能专利	0.07	29
3.2.1	人均人工智能专利申请量	0.12	31
3.2.2	人均人工智能专利授权量	0.00	14
3.2.3	人均5G专利申请量	0.15	19
3.2.4	人均5G专利授权量	0.00	9
4	人工智能产业与应用	6.15	28
4.1	人工智能产业	8.15	28
4.1.1	人工智能企业数量	10.50	17
4.1.2	人工智能企业平均融资金额	20.56	29
4.1.3	人工智能上市企业数量	1.00	14
4.1.4	人工智能从业人员人口参与率	0.56	26
4.2	人工智能应用	4.14	15
4.2.1	集成电路盈利水平	4.27	22
4.2.2	物联网TOP500企业占比	4.00	15

22. 爱尔兰各指标详细得分及排名情况

全球人工智能创新指数 – 第 22 名

指标序号	指标名称	得分	排名
1	**人工智能基础支撑**	29.10	24
1.1	**人工智能计算基础**	13.58	20
1.1.1	数据中心保有率	5.37	25
1.1.2	全球 TOP500 超算中心占比	5.60	7
1.1.3	人均发电量	29.77	19
1.2	**人工智能网络基础**	44.63	26
1.2.1	移动蜂窝电话订阅率	22.40	40
1.2.2	互联网使用率	88.57	9
1.2.3	固定宽带订阅率	61.41	26
1.2.4	5G 建设水平	6.12	28
2	**人工智能创新资源与环境**	18.76	28
2.1	**人工智能人才**	7.72	31
2.1.1	人工智能顶级学者人口参与率	8.00	13
2.1.2	人工智能开源代码贡献量	2.67	19
2.1.3	人工智能高收藏量开源代码占比	12.50	30
2.2	**人工智能教育**	41.09	21
2.2.1	高水平人工智能核心专业开设率	6.90	19
2.2.2	全日制科学和工程博士生占比	85.57	12
2.2.3	PISA 测试成绩	30.80	21
2.3	**国家研发投入**	22.93	29
2.3.1	国家研发投入强度	22.93	29
2.4	**人工智能创新制度**	3.29	36
2.4.1	国家人工智能发展政策与规划	3.50	35
2.4.2	国家人工智能社会治理	3.08	38

续表

指标序号	指标名称	得分	排名
3	人工智能科技研发	7.80	19
3.1	人工智能学术论文	15.59	15
3.1.1	人均人工智能论文产出量	36.17	8
3.1.2	人工智能顶级论文量	0.60	25
3.1.3	人工智能全球TOP100高被引论文占比	10.00	14
3.2	人工智能专利	0.00	33
3.2.1	人均人工智能专利申请量	0.00	33
3.2.2	人均人工智能专利授权量	0.00	14
3.2.3	人均5G专利申请量	0.00	22
3.2.4	人均5G专利授权量	0.00	9
4	人工智能产业与应用	11.08	15
4.1	人工智能产业	18.23	16
4.1.1	人工智能企业数量	4.70	24
4.1.2	人工智能企业平均融资金额	57.43	16
4.1.3	人工智能上市企业数量	1.00	14
4.1.4	人工智能从业人员人口参与率	9.79	3
4.2	人工智能应用	3.92	17
4.2.1	集成电路盈利水平	5.85	5
4.2.2	物联网TOP500企业占比	2.00	19

23. 捷克各指标详细得分及排名情况

全球人工智能创新指数 – 第 23 名

指标序号	指标名称	得分	排名
1	**人工智能基础支撑**	**29.22**	**23**
1.1	**人工智能计算基础**	13.60	19
1.1.1	数据中心保有率	5.16	26
1.1.2	全球 TOP500 超算中心占比	0.80	19
1.1.3	人均发电量	34.84	15
1.2	**人工智能网络基础**	44.83	25
1.2.1	移动蜂窝电话订阅率	28.55	25
1.2.2	互联网使用率	73.34	29
1.2.3	固定宽带订阅率	71.02	16
1.2.4	5G 建设水平	6.41	27
2	**人工智能创新资源与环境**	**29.20**	**19**
2.1	**人工智能人才**	22.56	12
2.1.1	人工智能顶级学者人口参与率	0.00	38
2.1.2	人工智能开源代码贡献量	1.00	26
2.1.3	人工智能高收藏量开源代码占比	66.67	3
2.2	**人工智能教育**	41.51	20
2.2.1	高水平人工智能核心专业开设率	6.78	21
2.2.2	全日制科学和工程博士生占比	84.55	13
2.2.3	PISA 测试成绩	33.20	16
2.3	**国家研发投入**	38.60	15
2.3.1	国家研发投入强度	38.60	15
2.4	**人工智能创新制度**	14.14	16
2.4.1	国家人工智能发展政策与规划	11.45	16
2.4.2	国家人工智能社会治理	16.83	17

续表

指标序号	指标名称	得分	排名
3	人工智能科技研发	0.05	46
3.1	人工智能学术论文	0.00	46
3.1.1	人均人工智能论文产出量	0.00	46
3.1.2	人工智能顶级论文量	0.00	43
3.1.3	人工智能全球TOP100高被引论文占比	0.00	20
3.2	人工智能专利	0.09	27
3.2.1	人均人工智能专利申请量	0.37	25
3.2.2	人均人工智能专利授权量	0.00	14
3.2.3	人均5G专利申请量	0.00	22
3.2.4	人均5G专利授权量	0.00	9
4	人工智能产业与应用	3.55	33
4.1	人工智能产业	5.14	32
4.1.1	人工智能企业数量	3.70	27
4.1.2	人工智能企业平均融资金额	16.40	30
4.1.3	人工智能上市企业数量	0.00	16
4.1.4	人工智能从业人员人口参与率	0.45	29
4.2	人工智能应用	1.97	44
4.2.1	集成电路盈利水平	3.95	39
4.2.2	物联网TOP500企业占比	0.00	23

24. 爱沙尼亚各指标详细得分及排名情况

全球人工智能创新指数 – 第 24 名

指标序号	指标名称	得分	排名
1	**人工智能基础支撑**	27.77	27
1.1	**人工智能计算基础**	7.42	32
1.1.1	数据中心保有率	2.27	41
1.1.2	全球 TOP500 超算中心占比	0.00	27
1.1.3	人均发电量	20.00	27
1.2	**人工智能网络基础**	48.11	16
1.2.1	移动蜂窝电话订阅率	38.07	5
1.2.2	互联网使用率	84.37	16
1.2.3	固定宽带订阅率	62.66	24
1.2.4	5G 建设水平	7.35	20
2	**人工智能创新资源与环境**	22.56	23
2.1	**人工智能人才**	2.79	33
2.1.1	人工智能顶级学者人口参与率	8.37	11
2.1.2	人工智能开源代码贡献量	0.00	38
2.1.3	人工智能高收藏量开源代码占比	0.00	32
2.2	**人工智能教育**	43.34	15
2.2.1	高水平人工智能核心专业开设率	0.00	37
2.2.2	全日制科学和工程博士生占比	98.63	6
2.2.3	PISA 测试成绩	31.40	19
2.3	**国家研发投入**	28.09	21
2.3.1	国家研发投入强度	28.09	21
2.4	**人工智能创新制度**	16.00	14
2.4.1	国家人工智能发展政策与规划	11.39	17
2.4.2	国家人工智能社会治理	20.62	11

续表

指标序号	指标名称	得分	排名
3	人工智能科技研发	5.52	26
3.1	人工智能学术论文	11.03	22
3.1.1	人均人工智能论文产出量	33.06	10
3.1.2	人工智能顶级论文量	0.04	39
3.1.3	人工智能全球TOP100高被引论文占比	0.00	20
3.2	人工智能专利	0.00	33
3.2.1	人均人工智能专利申请量	0.00	33
3.2.2	人均人工智能专利授权量	0.00	14
3.2.3	人均5G专利申请量	0.00	22
3.2.4	人均5G专利授权量	0.00	9
4	人工智能产业与应用	4.74	31
4.1	人工智能产业	7.34	30
4.1.1	人工智能企业数量	2.90	30
4.1.2	人工智能企业平均融资金额	23.49	28
4.1.3	人工智能上市企业数量	0.00	16
4.1.4	人工智能从业人员人口参与率	2.97	8
4.2	人工智能应用	2.13	37
4.2.1	集成电路盈利水平	4.27	25
4.2.2	物联网TOP500企业占比	0.00	23

25. 印度各指标详细得分及排名情况

全球人工智能创新指数 – 第 25 名

指标序号	指标名称	得分	排名
1	**人工智能基础支撑**	9.24	46
1.1	**人工智能计算基础**	12.29	24
1.1.1	数据中心保有率	34.91	5
1.1.2	全球 TOP500 超算中心占比	1.20	16
1.1.3	人均发电量	0.75	45
1.2	**人工智能网络基础**	6.19	46
1.2.1	移动蜂窝电话订阅率	13.44	46
1.2.2	互联网使用率	6.36	46
1.2.3	固定宽带订阅率	3.23	46
1.2.4	5G 建设水平	1.75	46
2	**人工智能创新资源与环境**	22.64	22
2.1	**人工智能人才**	22.54	14
2.1.1	人工智能顶级学者人口参与率	0.34	33
2.1.2	人工智能开源代码贡献量	28.00	3
2.1.3	人工智能高收藏量开源代码占比	39.29	21
2.2	**人工智能教育**	39.58	24
2.2.1	高水平人工智能核心专业开设率	0.25	35
2.2.2	全日制科学和工程博士生占比	90.89	9
2.2.3	PISA 测试成绩	27.60	25
2.3	**国家研发投入**	13.06	38
2.3.1	国家研发投入强度	13.06	38
2.4	**人工智能创新制度**	15.38	15
2.4.1	国家人工智能发展政策与规划	13.85	14
2.4.2	国家人工智能社会治理	16.92	16

续表

指标序号	指标名称	得分	排名
3	人工智能科技研发	12.45	10
3.1	人工智能学术论文	24.55	10
3.1.1	人均人工智能论文产出量	7.08	38
3.1.2	人工智能顶级论文量	6.56	8
3.1.3	人工智能全球TOP100高被引论文占比	60.00	4
3.2	人工智能专利	0.35	21
3.2.1	人均人工智能专利申请量	1.16	21
3.2.2	人均人工智能专利授权量	0.00	14
3.2.3	人均5G专利申请量	0.22	14
3.2.4	人均5G专利授权量	0.00	9
4	人工智能产业与应用	15.49	11
4.1	人工智能产业	27.41	9
4.1.1	人工智能企业数量	78.20	4
4.1.2	人工智能企业平均融资金额	29.14	25
4.1.3	人工智能上市企业数量	2.00	9
4.1.4	人工智能从业人员人口参与率	0.32	33
4.2	人工智能应用	3.56	19
4.2.1	集成电路盈利水平	3.12	43
4.2.2	物联网TOP500企业占比	4.00	15

26. 俄罗斯各指标详细得分及排名情况

全球人工智能创新指数 – 第 26 名

指标序号	指标名称	得分	排名
1	**人工智能基础支撑**	29.54	20
1.1	**人工智能计算基础**	15.76	15
1.1.1	数据中心保有率	12.19	14
1.1.2	全球 TOP500 超算中心占比	1.20	16
1.1.3	人均发电量	33.90	16
1.2	**人工智能网络基础**	43.31	29
1.2.1	移动蜂窝电话订阅率	45.44	2
1.2.2	互联网使用率	78.56	24
1.2.3	固定宽带订阅率	46.42	36
1.2.4	5G 建设水平	2.83	44
2	**人工智能创新资源与环境**	16.74	34
2.1	**人工智能人才**	4.83	32
2.1.1	人工智能顶级学者人口参与率	0.37	32
2.1.2	人工智能开源代码贡献量	3.00	16
2.1.3	人工智能高收藏量开源代码占比	11.11	31
2.2	**人工智能教育**	32.85	34
2.2.1	高水平人工智能核心专业开设率	1.48	34
2.2.2	全日制科学和工程博士生占比	75.47	30
2.2.3	PISA 测试成绩	21.60	33
2.3	**国家研发投入**	19.66	30
2.3.1	国家研发投入强度	19.66	30
2.4	**人工智能创新制度**	9.61	23
2.4.1	国家人工智能发展政策与规划	7.84	26
2.4.2	国家人工智能社会治理	11.38	22

续表

指标序号	指标名称	得分	排名
3	人工智能科技研发	1.49	39
3.1	人工智能学术论文	2.24	41
3.1.1	人均人工智能论文产出量	6.20	40
3.1.2	人工智能顶级论文量	0.52	26
3.1.3	人工智能全球TOP100高被引论文占比	0.00	20
3.2	人工智能专利	0.75	15
3.2.1	人均人工智能专利申请量	2.27	15
3.2.2	人均人工智能专利授权量	0.49	11
3.2.3	人均5G专利申请量	0.22	15
3.2.4	人均5G专利授权量	0.00	9
4	人工智能产业与应用	10.01	18
4.1	人工智能产业	3.93	37
4.1.1	人工智能企业数量	7.50	19
4.1.2	人工智能企业平均融资金额	8.02	38
4.1.3	人工智能上市企业数量	0.00	16
4.1.4	人工智能从业人员人口参与率	0.20	39
4.2	人工智能应用	16.09	8
4.2.1	集成电路盈利水平	4.18	34
4.2.2	物联网TOP500企业占比	28.00	7

27. 斯洛文尼亚各指标详细得分及排名情况

全球人工智能创新指数 – 第 27 名

指标序号	指标名称	得分	排名
1	**人工智能基础支撑**	29.23	22
1.1	**人工智能计算基础**	13.48	21
1.1.1	数据中心保有率	1.65	44
1.1.2	全球 TOP500 超算中心占比	0.80	19
1.1.3	人均发电量	37.98	10
1.2	**人工智能网络基础**	44.98	24
1.2.1	移动蜂窝电话订阅率	29.08	24
1.2.2	互联网使用率	80.86	22
1.2.3	固定宽带订阅率	62.69	23
1.2.4	5G 建设水平	7.31	21
2	**人工智能创新资源与环境**	19.36	27
2.1	**人工智能人才**	1.68	35
2.1.1	人工智能顶级学者人口参与率	5.03	22
2.1.2	人工智能开源代码贡献量	0.00	38
2.1.3	人工智能高收藏量开源代码占比	0.00	32
2.2	**人工智能教育**	33.96	33
2.2.1	高水平人工智能核心专业开设率	6.45	22
2.2.2	全日制科学和工程博士生占比	60.82	43
2.2.3	PISA 测试成绩	34.60	14
2.3	**国家研发投入**	39.01	14
2.3.1	国家研发投入强度	39.01	14
2.4	**人工智能创新制度**	2.79	39
2.4.1	国家人工智能发展政策与规划	2.66	38
2.4.2	国家人工智能社会治理	2.92	41

续表

指标序号	指标名称	得分	排名
3	人工智能科技研发	7.00	21
3.1	人工智能学术论文	14.01	18
3.1.1	人均人工智能论文产出量	41.74	5
3.1.2	人工智能顶级论文量	0.28	29
3.1.3	人工智能全球TOP100高被引论文占比	0.00	20
3.2	人工智能专利	0.00	33
3.2.1	人均人工智能专利申请量	0.00	33
3.2.2	人均人工智能专利授权量	0.00	14
3.2.3	人均5G专利申请量	0.00	22
3.2.4	人均5G专利授权量	0.00	9
4	人工智能产业与应用	1.75	44
4.1	人工智能产业	1.36	44
4.1.1	人工智能企业数量	0.60	43
4.1.2	人工智能企业平均融资金额	4.48	42
4.1.3	人工智能上市企业数量	0.00	16
4.1.4	人工智能从业人员人口参与率	0.35	32
4.2	人工智能应用	2.14	32
4.2.1	集成电路盈利水平	4.29	18
4.2.2	物联网TOP300企业占比	0.00	23

28. 土耳其各指标详细得分及排名情况

全球人工智能创新指数 – 第 28 名

指标序号	指标名称	得分	排名
1	**人工智能基础支撑**	20.98	39
1.1	**人工智能计算基础**	9.08	28
1.1.1	数据中心保有率	13.22	12
1.1.2	全球 TOP500 超算中心占比	0.00	27
1.1.3	人均发电量	14.00	35
1.2	**人工智能网络基础**	32.88	41
1.2.1	移动蜂窝电话订阅率	18.95	42
1.2.2	互联网使用率	68.10	35
1.2.3	固定宽带订阅率	39.68	40
1.2.4	5G 建设水平	4.77	38
2	**人工智能创新资源与环境**	17.27	32
2.1	**人工智能人才**	11.73	28
2.1.1	人工智能顶级学者人口参与率	0.08	36
2.1.2	人工智能开源代码贡献量	4.33	13
2.1.3	人工智能高收藏量开源代码占比	30.77	25
2.2	**人工智能教育**	28.54	37
2.2.1	高水平人工智能核心专业开设率	1.50	33
2.2.2	全日制科学和工程博士生占比	70.91	35
2.2.3	PISA 测试成绩	13.20	36
2.3	**国家研发投入**	19.20	32
2.3.1	国家研发投入强度	19.20	32
2.4	**人工智能创新制度**	9.62	22
2.4.1	国家人工智能发展政策与规划	9.70	21
2.4.2	国家人工智能社会治理	9.53	28

续表

指标序号	指标名称	得分	排名
3	**人工智能科技研发**	14.78	8
3.1	**人工智能学术论文**	29.32	7
3.1.1	人均人工智能论文产出量	7.28	37
3.1.2	人工智能顶级论文量	0.68	22
3.1.3	人工智能全球 TOP100 高被引论文占比	80.00	3
3.2	**人工智能专利**	0.23	23
3.2.1	人均人工智能专利申请量	0.57	23
3.2.2	人均人工智能专利授权量	0.00	14
3.2.3	人均 5G 专利申请量	0.36	13
3.2.4	人均 5G 专利授权量	0.00	9
4	**人工智能产业与应用**	2.38	38
4.1	**人工智能产业**	2.65	38
4.1.1	人工智能企业数量	4.00	26
4.1.2	人工智能企业平均融资金额	6.36	41
4.1.3	人工智能上市企业数量	0.00	16
4.1.4	人工智能从业人员人口参与率	0.26	36
4.2	**人工智能应用**	2.11	39
4.2.1	集成电路盈利水平	4.23	31
4.2.2	物联网 TOP500 企业占比	0.00	23

29. 匈牙利各指标详细得分及排名情况

全球人工智能创新指数 – 第 29 名

指标序号	指标名称	得分	排名
1	**人工智能基础支撑**	24.38	34
1.1	**人工智能计算基础**	5.14	39
1.1.1	数据中心保有率	1.86	43
1.1.2	全球 TOP500 超算中心占比	0.00	27
1.1.3	人均发电量	13.55	36
1.2	**人工智能网络基础**	43.63	28
1.2.1	移动蜂窝电话订阅率	22.78	38
1.2.2	互联网使用率	78.24	25
1.2.3	固定宽带订阅率	67.60	20
1.2.4	5G 建设水平	5.88	30
2	**人工智能创新资源与环境**	17.27	31
2.1	**人工智能人才**	0.46	38
2.1.1	人工智能顶级学者人口参与率	1.39	28
2.1.2	人工智能开源代码贡献量	0.00	38
2.1.3	人工智能高收藏量开源代码占比	0.00	32
2.2	**人工智能教育**	30.64	36
2.2.1	高水平人工智能核心专业开设率	0.00	37
2.2.2	全日制科学和工程博士生占比	69.32	36
2.2.3	PISA 测试成绩	22.60	29
2.3	**国家研发投入**	30.67	20
2.3.1	国家研发投入强度	30.67	20
2.4	**人工智能创新制度**	7.32	29
2.4.1	国家人工智能发展政策与规划	5.88	28
2.4.2	国家人工智能社会治理	8.75	29

续表

指标序号	指标名称	得分	排名
3	人工智能科技研发	3.90	32
3.1	人工智能学术论文	7.59	33
3.1.1	人均人工智能论文产出量	22.58	27
3.1.2	人工智能顶级论文量	0.20	32
3.1.3	人工智能全球 TOP100 高被引论文占比	0.00	20
3.2	人工智能专利	0.21	24
3.2.1	人均人工智能专利申请量	0.85	22
3.2.2	人均人工智能专利授权量	0.00	14
3.2.3	人均 5G 专利申请量	0.00	22
3.2.4	人均 5G 专利授权量	0.00	9
4	人工智能产业与应用	9.15	21
4.1	人工智能产业	15.40	17
4.1.1	人工智能企业数量	1.50	37
4.1.2	人工智能企业平均融资金额	59.90	15
4.1.3	人工智能上市企业数量	0.00	16
4.1.4	人工智能从业人员人口参与率	0.20	40
4.2	人工智能应用	2.91	22
4.2.1	集成电路盈利水平	3.82	42
4.2.2	物联网 TOP500 企业占比	2.00	19

30. 波兰各指标详细得分及排名情况

全球人工智能创新指数 – 第 30 名

指标序号	指标名称	得分	排名
1	**人工智能基础支撑**	**24.47**	**33**
1.1	人工智能计算基础	8.36	30
1.1.1	数据中心保有率	6.82	22
1.1.2	全球 TOP500 超算中心占比	1.60	14
1.1.3	人均发电量	16.66	30
1.2	人工智能网络基础	40.59	34
1.2.1	移动蜂窝电话订阅率	32.16	15
1.2.2	互联网使用率	81.20	21
1.2.3	固定宽带订阅率	43.40	38
1.2.4	5G 建设水平	5.59	33
2	**人工智能创新资源与环境**	**19.99**	**26**
2.1	人工智能人才	9.00	30
2.1.1	人工智能顶级学者人口参与率	0.90	30
2.1.2	人工智能开源代码贡献量	4.67	12
2.1.3	人工智能高收藏量开源代码占比	21.43	29
2.2	人工智能教育	40.70	22
2.2.1	高水平人工智能核心专业开设率	3.15	29
2.2.2	全日制科学和工程博士生占比	76.55	29
2.2.3	PISA 测试成绩	42.40	7
2.3	国家研发投入	24.19	26
2.3.1	国家研发投入强度	24.19	26
2.4	人工智能创新制度	6.08	30
2.4.1	国家人工智能发展政策与规划	4.40	31
2.4.2	国家人工智能社会治理	7.75	30

续表

指标序号	指标名称	得分	排名
3	人工智能科技研发	4.77	30
3.1	人工智能学术论文	9.49	29
3.1.1	人均人工智能论文产出量	17.16	33
3.1.2	人工智能顶级论文量	1.32	16
3.1.3	人工智能全球 TOP100 高被引论文占比	10.00	14
3.2	人工智能专利	0.04	31
3.2.1	人均人工智能专利申请量	0.16	29
3.2.2	人均人工智能专利授权量	0.00	14
3.2.3	人均 5G 专利申请量	0.00	22
3.2.4	人均 5G 专利授权量	0.00	9
4	人工智能产业与应用	5.27	30
4.1	人工智能产业	7.61	29
4.1.1	人工智能企业数量	10.80	16
4.1.2	人工智能企业平均融资金额	15.64	32
4.1.3	人工智能上市企业数量	2.00	9
4.1.4	人工智能从业人员人口参与率	2.02	10
4.2	人工智能应用	2.93	21
4.2.1	集成电路盈利水平	3.87	40
4.2.2	物联网 TOP500 企业占比	2.00	19

31. 塞浦路斯各指标详细得分及排名情况

全球人工智能创新指数 – 第 31 名

指标序号	指标名称	得分	排名
1	**人工智能基础支撑**	**29.64**	**19**
1.1	**人工智能计算基础**	6.48	37
1.1.1	数据中心保有率	3.31	35
1.1.2	全球 TOP500 超算中心占比	0.00	27
1.1.3	人均发电量	16.14	32
1.2	**人工智能网络基础**	52.80	7
1.2.1	移动蜂窝电话订阅率	35.44	10
1.2.2	互联网使用率	86.86	13
1.2.3	固定宽带订阅率	74.79	14
1.2.4	5G 建设水平	14.13	4
2	**人工智能创新资源与环境**	**12.02**	**41**
2.1	**人工智能人才**	0.00	44
2.1.1	人工智能顶级学者人口参与率	0.00	38
2.1.2	人工智能开源代码贡献量	0.00	38
2.1.3	人工智能高收藏量开源代码占比	0.00	32
2.2	**人工智能教育**	35.68	27
2.2.1	高水平人工智能核心专业开设率	0.00	37
2.2.2	全日制科学和工程博士生占比	95.24	7
2.2.3	PISA 测试成绩	11.80	38
2.3	**国家研发投入**	10.96	41
2.3.1	国家研发投入强度	10.96	41
2.4	**人工智能创新制度**	1.43	45
2.4.1	国家人工智能发展政策与规划	1.20	45
2.4.2	国家人工智能社会治理	1.67	45

续表

指标序号	指标名称	得分	排名
3	人工智能科技研发	5.54	25
3.1	人工智能学术论文	11.07	21
3.1.1	人均人工智能论文产出量	33.14	9
3.1.2	人工智能顶级论文量	0.08	36
3.1.3	人工智能全球TOP100高被引论文占比	0.00	20
3.2	人工智能专利	0.00	33
3.2.1	人均人工智能专利申请量	0.00	33
3.2.2	人均人工智能专利授权量	0.00	14
3.2.3	人均5G专利申请量	0.00	22
3.2.4	人均5G专利授权量	0.00	9
4	人工智能产业与应用	6.54	25
4.1	人工智能产业	10.94	24
4.1.1	人工智能企业数量	0.70	40
4.1.2	人工智能企业平均融资金额	41.90	20
4.1.3	人工智能上市企业数量	0.00	16
4.1.4	人工智能从业人员人口参与率	1.16	16
4.2	人工智能应用	2.15	24
4.2.1	集成电路盈利水平	4.30	10
4.2.2	物联网TOP500企业占比	0.00	23

32. 马耳他各指标详细得分及排名情况

全球人工智能创新指数 – 第 32 名

指标序号	指标名称	得分	排名
1	人工智能基础支撑	31.46	16
1.1	人工智能计算基础	7.39	33
1.1.1	数据中心保有率	1.65	44
1.1.2	全球 TOP500 超算中心占比	0.00	27
1.1.3	人均发电量	20.51	25
1.2	人工智能网络基础	55.54	3
1.2.1	移动蜂窝电话订阅率	37.36	7
1.2.2	互联网使用率	81.23	20
1.2.3	固定宽带订阅率	96.67	1
1.2.4	5G 建设水平	6.91	23
2	人工智能创新资源与环境	13.70	38
2.1	人工智能人才	0.00	44
2.1.1	人工智能顶级学者人口参与率	0.00	38
2.1.2	人工智能开源代码贡献量	0.00	38
2.1.3	人工智能高收藏量开源代码占比	0.00	32
2.2	人工智能教育	31.99	35
2.2.1	高水平人工智能核心专业开设率	0.00	37
2.2.2	全日制科学和工程博士生占比	73.36	33
2.2.3	PISA 测试成绩	22.60	29
2.3	国家研发投入	11.45	40
2.3.1	国家研发投入强度	11.45	40
2.4	人工智能创新制度	11.37	19
2.4.1	国家人工智能发展政策与规划	10.90	18
2.4.2	国家人工智能社会治理	11.83	20

续表

指标序号	指标名称	得分	排名
3	人工智能科技研发	5.09	27
3.1	人工智能学术论文	10.18	26
3.1.1	人均人工智能论文产出量	30.50	13
3.1.2	人工智能顶级论文量	0.04	39
3.1.3	人工智能全球TOP100高被引论文占比	0.00	20
3.2	人工智能专利	0.00	33
3.2.1	人均人工智能专利申请量	0.00	33
3.2.2	人均人工智能专利授权量	0.00	14
3.2.3	人均5G专利申请量	0.00	22
3.2.4	人均5G专利授权量	0.00	9
4	人工智能产业与应用	3.11	36
4.1	人工智能产业	4.04	36
4.1.1	人工智能企业数量	0.70	40
4.1.2	人工智能企业平均融资金额	13.75	35
4.1.3	人工智能上市企业数量	0.00	16
4.1.4	人工智能从业人员人口参与率	1.73	12
4.2	人工智能应用	2.17	23
4.2.1	集成电路盈利水平	4.34	9
4.2.2	物联网TOP500企业占比	0.00	23

33. 希腊各指标详细得分及排名情况

全球人工智能创新指数 – 第 33 名

指标序号	指标名称	得分	排名
1	**人工智能基础支撑**	**26.18**	**30**
1.1	人工智能计算基础	6.55	36
1.1.1	数据中心保有率	3.51	34
1.1.2	全球 TOP500 超算中心占比	0.00	27
1.1.3	人均发电量	16.14	33
1.2	人工智能网络基础	45.81	22
1.2.1	移动蜂窝电话订阅率	23.80	35
1.2.2	互联网使用率	68.74	34
1.2.3	固定宽带订阅率	81.68	9
1.2.4	5G 建设水平	9.04	15
2	**人工智能创新资源与环境**	**16.83**	**33**
2.1	人工智能人才	12.17	27
2.1.1	人工智能顶级学者人口参与率	2.18	26
2.1.2	人工智能开源代码贡献量	1.00	26
2.1.3	人工智能高收藏量开源代码占比	33.33	22
2.2	人工智能教育	27.47	41
2.2.1	高水平人工智能核心专业开设率	6.25	24
2.2.2	全日制科学和工程博士生占比	63.76	41
2.2.3	PISA 测试成绩	12.40	37
2.3	国家研发投入	23.55	27
2.3.1	国家研发投入强度	23.55	27
2.4	人工智能创新制度	4.13	35
2.4.1	国家人工智能发展政策与规划	3.60	33
2.4.2	国家人工智能社会治理	4.67	34

续表

指标序号	指标名称	得分	排名
3	人工智能科技研发	5.06	29
3.1	人工智能学术论文	10.13	27
3.1.1	人均人工智能论文产出量	20.19	30
3.1.2	人工智能顶级论文量	0.20	32
3.1.3	人工智能全球TOP100高被引论文占比	10.00	14
3.2	人工智能专利	0.00	33
3.2.1	人均人工智能专利申请量	0.00	33
3.2.2	人均人工智能专利授权量	0.00	14
3.2.3	人均5G专利申请量	0.00	22
3.2.4	人均5G专利授权量	0.00	9
4	人工智能产业与应用	4.40	32
4.1	人工智能产业	6.64	31
4.1.1	人工智能企业数量	2.60	32
4.1.2	人工智能企业平均融资金额	23.67	27
4.1.3	人工智能上市企业数量	0.00	16
4.1.4	人工智能从业人员人口参与率	0.29	34
4.2	人工智能应用	2.15	26
4.2.1	集成电路盈利水平	4.30	12
4.2.2	物联网TOP500企业占比	0.00	23

34. 克罗地亚各指标详细得分及排名情况

全球人工智能创新指数 – 第 34 名

指标序号	指标名称	得分	排名
1	**人工智能基础支撑**	21.39	38
1.1	**人工智能计算基础**	4.50	42
1.1.1	数据中心保有率	1.65	44
1.1.2	全球 TOP500 超算中心占比	0.00	27
1.1.3	人均发电量	11.83	37
1.2	**人工智能网络基础**	38.27	37
1.2.1	移动蜂窝电话订阅率	22.63	39
1.2.2	互联网使用率	69.03	32
1.2.3	固定宽带订阅率	50.23	35
1.2.4	5G 建设水平	11.21	8
2	**人工智能创新资源与环境**	16.55	36
2.1	**人工智能人才**	17.74	21
2.1.1	人工智能顶级学者人口参与率	1.21	29
2.1.2	人工智能开源代码贡献量	2.00	20
2.1.3	人工智能高收藏量开源代码占比	50.00	12
2.2	**人工智能教育**	27.93	39
2.2.1	高水平人工智能核心专业开设率	0.00	37
2.2.2	全日制科学和工程博士生占比	66.78	40
2.2.3	PISA 测试成绩	17.00	35
2.3	**国家研发投入**	19.44	31
2.3.1	国家研发投入强度	19.44	31
2.4	**人工智能创新制度**	1.10	46
2.4.1	国家人工智能发展政策与规划	1.20	45
2.4.2	国家人工智能社会治理	1.00	46

续表

指标序号	指标名称	得分	排名
3	人工智能科技研发	3.43	34
3.1	人工智能学术论文	6.86	34
3.1.1	人均人工智能论文产出量	20.46	29
3.1.2	人工智能顶级论文量	0.12	34
3.1.3	人工智能全球TOP100高被引论文占比	0.00	20
3.2	人工智能专利	0.00	33
3.2.1	人均人工智能专利申请量	0.00	33
3.2.2	人均人工智能专利授权量	0.00	14
3.2.3	人均5G专利申请量	0.00	22
3.2.4	人均5G专利授权量	0.00	9
4	人工智能产业与应用	10.75	16
4.1	人工智能产业	19.34	15
4.1.1	人工智能企业数量	0.50	45
4.1.2	人工智能企业平均融资金额	76.45	12
4.1.3	人工智能上市企业数量	0.00	16
4.1.4	人工智能从业人员人口参与率	0.43	30
4.2	人工智能应用	2.15	27
4.2.1	集成电路盈利水平	4.30	13
4.2.2	物联网TOP500企业占比	0.00	23

35. 拉脱维亚各指标详细得分及排名情况

全球人工智能创新指数 – 第 35 名

指标序号	指标名称	得分	排名
1	**人工智能基础支撑**	23.12	37
1.1	**人工智能计算基础**	4.76	41
1.1.1	数据中心保有率	3.72	32
1.1.2	全球 TOP500 超算中心占比	0.00	27
1.1.3	人均发电量	10.57	39
1.2	**人工智能网络基础**	41.49	32
1.2.1	移动蜂窝电话订阅率	23.50	36
1.2.2	互联网使用率	84.14	17
1.2.3	固定宽带订阅率	53.42	33
1.2.4	5G 建设水平	4.89	37
2	**人工智能创新资源与环境**	21.79	25
2.1	**人工智能人才**	33.44	4
2.1.1	人工智能顶级学者人口参与率	0.00	38
2.1.2	人工智能开源代码贡献量	0.33	33
2.1.3	人工智能高收藏量开源代码占比	100.00	1
2.2	**人工智能教育**	35.57	28
2.2.1	高水平人工智能核心专业开设率	0.00	37
2.2.2	全日制科学和工程博士生占比	84.12	14
2.2.3	PISA 测试成绩	22.60	29
2.3	**国家研发投入**	12.82	39
2.3.1	国家研发投入强度	12.82	39
2.4	**人工智能创新制度**	5.32	31
2.4.1	国家人工智能发展政策与规划	4.81	29
2.4.2	国家人工智能社会治理	5.83	31

续表

指标序号	指标名称	得分	排名
3	人工智能科技研发	2.02	37
3.1	人工智能学术论文	3.54	37
3.1.1	人均人工智能论文产出量	10.61	35
3.1.2	人工智能顶级论文量	0.00	43
3.1.3	人工智能全球 TOP100 高被引论文占比	0.00	20
3.2	人工智能专利	0.51	19
3.2.1	人均人工智能专利申请量	2.03	16
3.2.2	人均人工智能专利授权量	0.00	14
3.2.3	人均 5G 专利申请量	0.00	22
3.2.4	人均 5G 专利授权量	0.00	9
4	人工智能产业与应用	1.25	45
4.1	人工智能产业	0.36	46
4.1.1	人工智能企业数量	0.50	45
4.1.2	人工智能企业平均融资金额	0.21	46
4.1.3	人工智能上市企业数量	0.00	16
4.1.4	人工智能从业人员人口参与率	0.71	25
4.2	人工智能应用	2.15	31
4.2.1	集成电路盈利水平	4.29	17
4.2.2	物联网 TOP500 企业占比	0.00	23

36. 斯洛伐克各指标详细得分及排名情况

全球人工智能创新指数 – 第 36 名

指标序号	指标名称	得分	排名
1	**人工智能基础支撑**	27.52	29
1.1	人工智能计算基础	8.34	31
1.1.1	数据中心保有率	2.89	37
1.1.2	全球 TOP500 超算中心占比	0.00	27
1.1.3	人均发电量	22.14	24
1.2	人工智能网络基础	46.70	21
1.2.1	移动蜂窝电话订阅率	33.41	13
1.2.2	互联网使用率	85.60	14
1.2.3	固定宽带订阅率	62.33	25
1.2.4	5G 建设水平	5.47	34
2	**人工智能创新资源与环境**	13.49	39
2.1	人工智能人才	0.11	42
2.1.1	人工智能顶级学者人口参与率	0.00	38
2.1.2	人工智能开源代码贡献量	0.33	33
2.1.3	人工智能高收藏量开源代码占比	0.00	32
2.2	人工智能教育	34.07	32
2.2.1	高水平人工智能核心专业开设率	3.13	30
2.2.2	全日制科学和工程博士生占比	73.49	32
2.2.3	PISA 测试成绩	25.60	26
2.3	国家研发投入	16.76	34
2.3.1	国家研发投入强度	16.76	34
2.4	人工智能创新制度	3.00	37
2.4.1	国家人工智能发展政策与规划	3.00	36
2.4.2	国家人工智能社会治理	3.00	39

续表

指标序号	指标名称	得分	排名
3	人工智能科技研发	3.84	33
3.1	人工智能学术论文	7.67	32
3.1.1	人均人工智能论文产出量	22.94	25
3.1.2	人工智能顶级论文量	0.08	36
3.1.3	人工智能全球 TOP100 高被引论文占比	0.00	20
3.2	人工智能专利	0.00	33
3.2.1	人均人工智能专利申请量	0.00	33
3.2.2	人均人工智能专利授权量	0.00	14
3.2.3	人均 5G 专利申请量	0.00	22
3.2.4	人均 5G 专利授权量	0.00	9
4	人工智能产业与应用	3.22	34
4.1	人工智能产业	4.32	34
4.1.1	人工智能企业数量	0.90	39
4.1.2	人工智能企业平均融资金额	16.10	31
4.1.3	人工智能上市企业数量	0.00	16
4.1.4	人工智能从业人员人口参与率	0.28	35
4.2	人工智能应用	2.12	38
4.2.1	集成电路盈利水平	4.24	28
4.2.2	物联网 TOP500 企业占比	0.00	23

37. 立陶宛各指标详细得分及排名情况

全球人工智能创新指数 – 第 37 名

指标序号	指标名称	得分	排名
1	**人工智能基础支撑**	**24.69**	**32**
1.1	人工智能计算基础	1.77	46
1.1.1	数据中心保有率	2.48	40
1.1.2	全球 TOP500 超算中心占比	0.00	27
1.1.3	人均发电量	2.82	44
1.2	人工智能网络基础	47.62	18
1.2.1	移动蜂窝电话订阅率	49.68	1
1.2.2	互联网使用率	75.79	27
1.2.3	固定宽带订阅率	58.54	31
1.2.4	5G 建设水平	6.47	26
2	**人工智能创新资源与环境**	**16.35**	**37**
2.1	人工智能人才	0.00	44
2.1.1	人工智能顶级学者人口参与率	0.00	38
2.1.2	人工智能开源代码贡献量	0.00	38
2.1.3	人工智能高收藏量开源代码占比	0.00	32
2.2	人工智能教育	34.88	30
2.2.1	高水平人工智能核心专业开设率	0.00	37
2.2.2	全日制科学和工程博士生占比	82.45	19
2.2.3	PISA 测试成绩	22.20	32
2.3	国家研发投入	18.84	33
2.3.1	国家研发投入强度	18.84	33
2.4	人工智能创新制度	11.70	18
2.4.1	国家人工智能发展政策与规划	11.48	15
2.4.2	国家人工智能社会治理	11.92	19

续表

指标序号	指标名称	得分	排名
3	人工智能科技研发	3.23	35
3.1	人工智能学术论文	6.46	35
3.1.1	人均人工智能论文产出量	19.39	32
3.1.2	人工智能顶级论文量	0.00	43
3.1.3	人工智能全球 TOP100 高被引论文占比	0.00	20
3.2	人工智能专利	0.00	33
3.2.1	人均人工智能专利申请量	0.00	33
3.2.2	人均人工智能专利授权量	0.00	14
3.2.3	人均 5G 专利申请量	0.00	22
3.2.4	人均 5G 专利授权量	0.00	9
4	人工智能产业与应用	2.22	40
4.1	人工智能产业	2.30	40
4.1.1	人工智能企业数量	1.50	37
4.1.2	人工智能企业平均融资金额	6.91	40
4.1.3	人工智能上市企业数量	0.00	16
4.1.4	人工智能从业人员人口参与率	0.80	22
4.2	人工智能应用	2.15	29
4.2.1	集成电路盈利水平	4.29	15
4.2.2	物联网 TOP500 企业占比	0.00	23

38. 沙特阿拉伯各指标详细得分及排名情况

全球人工智能创新指数 – 第 38 名

指标序号	指标名称	得分	排名
1	**人工智能基础支撑**	32.40	14
1.1	**人工智能计算基础**	18.01	13
1.1.1	数据中心保有率	4.54	30
1.1.2	全球 TOP500 超算中心占比	2.40	10
1.1.3	人均发电量	47.10	7
1.2	**人工智能网络基础**	46.79	20
1.2.1	移动蜂窝电话订阅率	29.65	22
1.2.2	互联网使用率	96.95	2
1.2.3	固定宽带订阅率	45.33	37
1.2.4	5G 建设水平	15.23	3
2	**人工智能创新资源与环境**	8.84	44
2.1	**人工智能人才**	0.67	37
2.1.1	人工智能顶级学者人口参与率	2.02	27
2.1.2	人工智能开源代码贡献量	0.00	38
2.1.3	人工智能高收藏量开源代码占比	0.00	32
2.2	**人工智能教育**	15.59	45
2.2.1	高水平人工智能核心专业开设率	8.57	17
2.2.2	全日制科学和工程博士生占比	37.59	46
2.2.3	PISA 测试成绩	0.60	46
2.3	**国家研发投入**	16.31	36
2.3.1	国家研发投入强度	16.31	36
2.4	**人工智能创新制度**	2.78	40
2.4.1	国家人工智能发展政策与规划	2.22	40
2.4.2	国家人工智能社会治理	3.33	37

续表

指标序号	指标名称	得分	排名
3	人工智能科技研发	2.16	36
3.1	人工智能学术论文	4.33	36
3.1.1	人均人工智能论文产出量	12.34	34
3.1.2	人工智能顶级论文量	0.64	24
3.1.3	人工智能全球 TOP100 高被引论文占比	0.00	20
3.2	人工智能专利	0.00	33
3.2.1	人均人工智能专利申请量	0.00	33
3.2.2	人均人工智能专利授权量	0.00	14
3.2.3	人均 5G 专利申请量	0.00	22
3.2.4	人均 5G 专利授权量	0.00	9
4	人工智能产业与应用	1.85	42
4.1	人工智能产业	1.57	42
4.1.1	人工智能企业数量	2.10	36
4.1.2	人工智能企业平均融资金额	3.45	43
4.1.3	人工智能上市企业数量	0.00	16
4.1.4	人工智能从业人员人口参与率	0.72	24
4.2	人工智能应用	2.14	34
4.2.1	集成电路盈利水平	4.29	20
4.2.2	物联网 TOP500 企业占比	0.00	23

39. 保加利亚各指标详细得分及排名情况

全球人工智能创新指数 – 第 39 名

指标序号	指标名称	得分	排名
1	**人工智能基础支撑**	25.07	31
1.1	**人工智能计算基础**	10.55	25
1.1.1	数据中心保有率	5.78	24
1.1.2	全球 TOP500 超算中心占比	0.40	24
1.1.3	人均发电量	25.46	20
1.2	人工智能网络基础	39.59	36
1.2.1	移动蜂窝电话订阅率	25.74	33
1.2.2	互联网使用率	57.37	41
1.2.3	固定宽带订阅率	61.35	27
1.2.4	5G 建设水平	13.89	5
2	**人工智能创新资源与环境**	16.57	35
2.1	**人工智能人才**	22.56	12
2.1.1	人工智能顶级学者人口参与率	0.00	38
2.1.2	人工智能开源代码贡献量	1.00	26
2.1.3	人工智能高收藏量开源代码占比	66.67	3
2.2	**人工智能教育**	24.29	43
2.2.1	高水平人工智能核心专业开设率	0.00	37
2.2.2	全日制科学和工程博士生占比	61.87	42
2.2.3	PISA 测试成绩	11.00	39
2.3	**国家研发投入**	15.11	37
2.3.1	国家研发投入强度	15.11	37
2.4	**人工智能创新制度**	4.31	34
2.4.1	国家人工智能发展政策与规划	4.03	32
2.4.2	国家人工智能社会治理	4.58	35

续表

指标序号	指标名称	得分	排名
3	人工智能科技研发	1.18	41
3.1	人工智能学术论文	2.36	39
3.1.1	人均人工智能论文产出量	7.04	39
3.1.2	人工智能顶级论文量	0.04	39
3.1.3	人工智能全球TOP100高被引论文占比	0.00	20
3.2	人工智能专利	0.00	33
3.2.1	人均人工智能专利申请量	0.00	33
3.2.2	人均人工智能专利授权量	0.00	14
3.2.3	人均5G专利申请量	0.00	22
3.2.4	人均5G专利授权量	0.00	9
4	人工智能产业与应用	2.21	41
4.1	人工智能产业	2.28	41
4.1.1	人工智能企业数量	0.70	40
4.1.2	人工智能企业平均融资金额	8.18	37
4.1.3	人工智能上市企业数量	0.00	16
4.1.4	人工智能从业人员人口参与率	0.24	37
4.2	人工智能应用	2.15	28
4.2.1	集成电路盈利水平	4.30	14
4.2.2	物联网TOP500企业占比	0.00	23

40. 巴西各指标详细得分及排名情况

全球人工智能创新指数 – 第 40 名

指标序号	指标名称	得分	排名
1	**人工智能基础支撑**	18.03	42
1.1	人工智能计算基础	8.61	29
1.1.1	数据中心保有率	13.22	12
1.1.2	全球 TOP500 超算中心占比	2.40	10
1.1.3	人均发电量	10.20	40
1.2	人工智能网络基础	27.44	43
1.2.1	移动蜂窝电话订阅率	18.73	43
1.2.2	互联网使用率	53.53	42
1.2.3	固定宽带订阅率	34.20	42
1.2.4	5G 建设水平	3.31	42
2	**人工智能创新资源与环境**	18.66	29
2.1	人工智能人才	20.88	16
2.1.1	人工智能顶级学者人口参与率	0.14	34
2.1.2	人工智能开源代码贡献量	8.67	8
2.1.3	人工智能高收藏量开源代码占比	53.85	9
2.2	人工智能教育	27.96	38
2.2.1	高水平人工智能核心专业开设率	6.30	23
2.2.2	全日制科学和工程博士生占比	72.58	34
2.2.3	PISA 测试成绩	5.00	41
2.3	国家研发投入	23.21	28
2.3.1	国家研发投入强度	23.21	28
2.4	人工智能创新制度	2.60	41
2.4.1	国家人工智能发展政策与规划	1.62	43
2.4.2	国家人工智能社会治理	3.58	36

续表

指标序号	指标名称	得分	排名
3	人工智能科技研发	1.20	40
3.1	人工智能学术论文	2.32	40
3.1.1	人均人工智能论文产出量	5.48	42
3.1.2	人工智能顶级论文量	1.48	15
3.1.3	人工智能全球TOP100高被引论文占比	0.00	20
3.2	人工智能专利	0.08	28
3.2.1	人均人工智能专利申请量	0.14	30
3.2.2	人均人工智能专利授权量	0.02	13
3.2.3	人均5G专利申请量	0.09	21
3.2.4	人均5G专利授权量	0.05	8
4	人工智能产业与应用	6.23	27
4.1	人工智能产业	8.54	27
4.1.1	人工智能企业数量	18.10	11
4.1.2	人工智能企业平均融资金额	15.60	33
4.1.3	人工智能上市企业数量	0.00	16
4.1.4	人工智能从业人员人口参与率	0.46	28
4.2	人工智能应用	3.91	18
4.2.1	集成电路盈利水平	3.82	41
4.2.2	物联网TOP500企业占比	4.00	15

41. 罗马尼亚各指标详细得分及排名情况

全球人工智能创新指数 – 第 41 名

指标序号	指标名称	得分	排名
1	**人工智能基础支撑**	23.46	36
1.1	**人工智能计算基础**	6.65	35
1.1.1	数据中心保有率	9.92	18
1.1.2	全球 TOP500 超算中心占比	0.00	27
1.1.3	人均发电量	10.02	41
1.2	**人工智能网络基础**	40.28	35
1.2.1	移动蜂窝电话订阅率	26.97	30
1.2.2	互联网使用率	69.22	31
1.2.3	固定宽带订阅率	59.10	29
1.2.4	5G 建设水平	5.83	32
2	**人工智能创新资源与环境**	10.49	43
2.1	**人工智能人才**	1.00	36
2.1.1	人工智能顶级学者人口参与率	3.01	24
2.1.2	人工智能开源代码贡献量	0.00	38
2.1.3	人工智能高收藏量开源代码占比	0.00	32
2.2	**人工智能教育**	26.56	42
2.2.1	高水平人工智能核心专业开设率	3.85	26
2.2.2	全日制科学和工程博士生占比	67.64	37
2.2.3	PISA 测试成绩	8.20	40
2.3	**国家研发投入**	10.02	43
2.3.1	国家研发投入强度	10.02	43
2.4	**人工智能创新制度**	4.38	33
2.4.1	国家人工智能发展政策与规划	3.60	33
2.4.2	国家人工智能社会治理	5.17	33

续表

指标序号	指标名称	得分	排名
3	人工智能科技研发	5.07	28
3.1	人工智能学术论文	10.03	28
3.1.1	人均人工智能论文产出量	29.84	16
3.1.2	人工智能顶级论文量	0.24	31
3.1.3	人工智能全球TOP100高被引论文占比	0.00	20
3.2	人工智能专利	0.11	26
3.2.1	人均人工智能专利申请量	0.45	24
3.2.2	人均人工智能专利授权量	0.00	14
3.2.3	人均5G专利申请量	0.00	22
3.2.4	人均5G专利授权量	0.00	9
4	人工智能产业与应用	2.26	39
4.1	人工智能产业	2.47	39
4.1.1	人工智能企业数量	2.30	35
4.1.2	人工智能企业平均融资金额	7.34	39
4.1.3	人工智能上市企业数量	0.00	16
4.1.4	人工智能从业人员人口参与率	0.23	38
4.2	人工智能应用	2.06	43
4.2.1	集成电路盈利水平	4.12	38
4.2.2	物联网TOP500企业占比	0.00	23

42. 南非各指标详细得分及排名情况

全球人工智能创新指数 – 第 42 名

指标序号	指标名称	得分	排名
1	人工智能基础支撑	15.02	44
1.1	人工智能计算基础	7.14	34
1.1.1	数据中心保有率	5.16	26
1.1.2	全球 TOP500 超算中心占比	0.00	27
1.1.3	人均发电量	16.26	31
1.2	人工智能网络基础	22.90	44
1.2.1	移动蜂窝电话订阅率	44.72	3
1.2.2	互联网使用率	37.39	44
1.2.3	固定宽带订阅率	4.39	45
1.2.4	5G 建设水平	5.10	36
2	人工智能创新资源与环境	13.37	40
2.1	人工智能人才	0.29	39
2.1.1	人工智能顶级学者人口参与率	0.54	31
2.1.2	人工智能开源代码贡献量	0.33	33
2.1.3	人工智能高收藏量开源代码占比	0.00	32
2.2	人工智能教育	34.82	31
2.2.1	高水平人工智能核心专业开设率	7.69	18
2.2.2	全日制科学和工程博士生占比	73.96	31
2.2.3	PISA 测试成绩	22.80	28
2.3	国家研发投入	16.64	35
2.3.1	国家研发投入强度	16.64	35
2.4	人工智能创新制度	1.73	44
2.4.1	国家人工智能发展政策与规划	1.70	41
2.4.2	国家人工智能社会治理	1.75	44

续表

指标序号	指标名称	得分	排名
3	人工智能科技研发	0.97	42
3.1	人工智能学术论文	1.91	42
3.1.1	人均人工智能论文产出量	5.61	41
3.1.2	人工智能顶级论文量	0.12	34
3.1.3	人工智能全球TOP100高被引论文占比	0.00	20
3.2	人工智能专利	0.02	32
3.2.1	人均人工智能专利申请量	0.09	32
3.2.2	人均人工智能专利授权量	0.00	14
3.2.3	人均5G专利申请量	0.00	22
3.2.4	人均5G专利授权量	0.00	9
4	人工智能产业与应用	11.29	13
4.1	人工智能产业	20.44	13
4.1.1	人工智能企业数量	2.90	30
4.1.2	人工智能企业平均融资金额	78.78	11
4.1.3	人工智能上市企业数量	0.00	16
4.1.4	人工智能从业人员人口参与率	0.10	44
4.2	人工智能应用	2.14	35
4.2.1	集成电路盈利水平	4.28	21
4.2.2	物联网TOP500企业占比	0.00	23

43. 越南各指标详细得分及排名情况

全球人工智能创新指数 – 第 43 名

指标序号	指标名称	得分	排名
1	**人工智能基础支撑**	**18.52**	**41**
1.1	**人工智能计算基础**	3.75	43
1.1.1	数据中心保有率	3.72	32
1.1.2	全球 TOP500 超算中心占比	0.00	27
1.1.3	人均发电量	7.53	43
1.2	**人工智能网络基础**	33.30	40
1.2.1	移动蜂窝电话订阅率	37.09	8
1.2.2	互联网使用率	57.56	40
1.2.3	固定宽带订阅率	34.31	41
1.2.4	5G 建设水平	4.23	40
2	**人工智能创新资源与环境**	**18.32**	**30**
2.1	**人工智能人才**	27.25	8
2.1.1	人工智能顶级学者人口参与率	0.09	35
2.1.2	人工智能开源代码贡献量	1.67	24
2.1.3	人工智能高收藏量开源代码占比	80.00	2
2.2	**人工智能教育**	27.58	40
2.2.1	高水平人工智能核心专业开设率	0.00	37
2.2.2	全日制科学和工程博士生占比	81.74	23
2.2.3	PISA 测试成绩	1.00	45
2.3	**国家研发投入**	10.53	42
2.3.1	国家研发投入强度	10.53	42
2.4	**人工智能创新制度**	7.91	28
2.4.1	国家人工智能发展政策与规划	2.66	38
2.4.2	国家人工智能社会治理	13.17	18

续表

指标序号	指标名称	得分	排名
3	人工智能科技研发	1.65	38
3.1	人工智能学术论文	3.18	38
3.1.1	人均人工智能论文产出量	9.27	36
3.1.2	人工智能顶级论文量	0.28	29
3.1.3	人工智能全球 TOP100 高被引论文占比	0.00	20
3.2	人工智能专利	0.11	25
3.2.1	人均人工智能专利申请量	0.28	26
3.2.2	人均人工智能专利授权量	0.00	14
3.2.3	人均 5G 专利申请量	0.17	18
3.2.4	人均 5G 专利授权量	0.00	9
4	人工智能产业与应用	1.15	46
4.1	人工智能产业	0.76	45
4.1.1	人工智能企业数量	2.50	33
4.1.2	人工智能企业平均融资金额	0.40	45
4.1.3	人工智能上市企业数量	0.00	16
4.1.4	人工智能从业人员人口参与率	0.13	43
4.2	人工智能应用	1.54	45
4.2.1	集成电路盈利水平	3.08	44
4.2.2	物联网 TOP500 企业占比	0.00	23

44. 阿根廷各指标详细得分及排名情况

全球人工智能创新指数 – 第 44 名

指标序号	指标名称	得分	排名
1	**人工智能基础支撑**	19.52	40
1.1	**人工智能计算基础**	4.79	40
1.1.1	数据中心保有率	2.89	37
1.1.2	全球 TOP500 超算中心占比	0.00	27
1.1.3	人均发电量	11.49	38
1.2	**人工智能网络基础**	34.25	39
1.2.1	移动蜂窝电话订阅率	28.47	26
1.2.2	互联网使用率	63.28	37
1.2.3	固定宽带订阅率	42.36	39
1.2.4	5G 建设水平	2.91	43
2	**人工智能创新资源与环境**	11.78	42
2.1	**人工智能人才**	0.22	40
2.1.1	人工智能顶级学者人口参与率	0.00	38
2.1.2	人工智能开源代码贡献量	0.67	30
2.1.3	人工智能高收藏量开源代码占比	0.00	32
2.2	**人工智能教育**	34.97	29
2.2.1	高水平人工智能核心专业开设率	2.50	31
2.2.2	全日制科学和工程博士生占比	100.00	1
2.2.3	PISA 测试成绩	2.40	42
2.3	**国家研发投入**	9.87	44
2.3.1	国家研发投入强度	9.87	44
2.4	**人工智能创新制度**	2.08	42
2.4.1	国家人工智能发展政策与规划	1.65	42
2.4.2	国家人工智能社会治理	2.50	42

续表

指标序号	指标名称	得分	排名
3	人工智能科技研发	0.16	45
3.1	人工智能学术论文	0.31	45
3.1.1	人均人工智能论文产出量	0.90	45
3.1.2	人工智能顶级论文量	0.04	39
3.1.3	人工智能全球TOP100高被引论文占比	0.00	20
3.2	人工智能专利	0.00	33
3.2.1	人均人工智能专利申请量	0.00	33
3.2.2	人均人工智能专利授权量	0.00	14
3.2.3	人均5G专利申请量	0.00	22
3.2.4	人均5G专利授权量	0.00	9
4	人工智能产业与应用	1.76	43
4.1	人工智能产业	1.37	43
4.1.1	人工智能企业数量	2.50	33
4.1.2	人工智能企业平均融资金额	2.85	44
4.1.3	人工智能上市企业数量	0.00	16
4.1.4	人工智能从业人员人口参与率	0.15	42
4.2	人工智能应用	2.14	33
4.2.1	集成电路盈利水平	4.29	19
4.2.2	物联网TOP500企业占比	0.00	23

45. 墨西哥各指标详细得分及排名情况

全球人工智能创新指数 – 第 45 名

指标序号	指标名称	得分	排名
1	**人工智能基础支撑**	15.92	43
1.1	**人工智能计算基础**	3.45	45
1.1.1	数据中心保有率	2.69	39
1.1.2	全球 TOP500 超算中心占比	0.00	27
1.1.3	人均发电量	7.66	42
1.2	**人工智能网络基础**	28.40	42
1.2.1	移动蜂窝电话订阅率	17.38	45
1.2.2	互联网使用率	59.96	38
1.2.3	固定宽带订阅率	32.90	43
1.2.4	5G 建设水平	3.35	41
2	**人工智能创新资源与环境**	6.46	45
2.1	**人工智能人才**	0.13	41
2.1.1	人工智能顶级学者人口参与率	0.05	37
2.1.2	人工智能开源代码贡献量	0.33	33
2.1.3	人工智能高收藏量开源代码占比	0.00	32
2.2	**人工智能教育**	14.40	46
2.2.1	高水平人工智能核心专业开设率	0.08	36
2.2.2	全日制科学和工程博士生占比	40.91	45
2.2.3	PISA 测试成绩	2.20	43
2.3	**国家研发投入**	6.26	45
2.3.1	国家研发投入强度	6.26	45
2.4	**人工智能创新制度**	5.08	32
2.4.1	国家人工智能发展政策与规划	4.57	30
2.4.2	国家人工智能社会治理	5.58	32

续表

指标序号	指标名称	得分	排名
3	人工智能科技研发	0.88	43
3.1	人工智能学术论文	1.77	43
3.1.1	人均人工智能论文产出量	4.98	43
3.1.2	人工智能顶级论文量	0.32	27
3.1.3	人工智能全球 TOP100 高被引论文占比	0.00	20
3.2	人工智能专利	0.00	33
3.2.1	人均人工智能专利申请量	0.00	33
3.2.2	人均人工智能专利授权量	0.00	14
3.2.3	人均 5G 专利申请量	0.00	22
3.2.4	人均 5G 专利授权量	0.00	9
4	人工智能产业与应用	2.48	37
4.1	人工智能产业	4.96	33
4.1.1	人工智能企业数量	4.20	25
4.1.2	人工智能企业平均融资金额	15.47	34
4.1.3	人工智能上市企业数量	0.00	16
4.1.4	人工智能从业人员人口参与率	0.17	41
4.2	人工智能应用	0.00	46
4.2.1	集成电路盈利水平	0.00	46
4.2.2	物联网 TOP500 企业占比	0.00	23

46. 印度尼西亚各指标详细得分及排名情况

全球人工智能创新指数 – 第 46 名

指标序号	指标名称	得分	排名
1	**人工智能基础支撑**	11.27	45
1.1	**人工智能计算基础**	3.54	44
1.1.1	数据中心保有率	10.54	16
1.1.2	全球 TOP500 超算中心占比	0.00	27
1.1.3	人均发电量	0.09	46
1.2	**人工智能网络基础**	19.00	45
1.2.1	移动蜂窝电话订阅率	32.02	16
1.2.2	互联网使用率	33.89	45
1.2.3	固定宽带订阅率	7.83	44
1.2.4	5G 建设水平	2.26	45
2	**人工智能创新资源与环境**	6.07	46
2.1	**人工智能人才**	0.11	42
2.1.1	人工智能顶级学者人口参与率	0.00	38
2.1.2	人工智能开源代码贡献量	0.33	33
2.1.3	人工智能高收藏量开源代码占比	0.00	32
2.2	**人工智能教育**	16.64	44
2.2.1	高水平人工智能核心专业开设率	0.00	37
2.2.2	全日制科学和工程博士生占比	48.72	44
2.2.3	PISA 测试成绩	1.20	44
2.3	**国家研发投入**	4.53	46
2.3.1	国家研发投入强度	4.53	46
2.4	**人工智能创新制度**	3.00	37
2.4.1	国家人工智能发展政策与规划	3.00	36
2.4.2	国家人工智能社会治理	3.00	39

续表

指标序号	指标名称	得分	排名
3	人工智能科技研发	0.24	44
3.1	人工智能学术论文	0.48	44
3.1.1	人均人工智能论文产出量	1.45	44
3.1.2	人工智能顶级论文量	0.00	43
3.1.3	人工智能全球TOP100高被引论文占比	0.00	20
3.2	人工智能专利	0.00	33
3.2.1	人均人工智能专利申请量	0.00	33
3.2.2	人均人工智能专利授权量	0.00	14
3.2.3	人均5G专利申请量	0.00	22
3.2.4	人均5G专利授权量	0.00	9
4	人工智能产业与应用	3.13	35
4.1	人工智能产业	4.17	35
4.1.1	人工智能企业数量	3.00	29
4.1.2	人工智能企业平均融资金额	13.67	36
4.1.3	人工智能上市企业数量	0.00	16
4.1.4	人工智能从业人员人口参与率	0.02	45
4.2	人工智能应用	2.09	41
4.2.1	集成电路盈利水平	4.17	35
4.2.2	物联网TOP500企业占比	0.00	23

附录二
全球人工智能创新指数计算方法

全球人工智能创新指数的计算分两步：第一步计算每个指标的标准化得分；第二步根据每个指标的权重计算人工智能创新指数的总分。

1. 指标得分的标准化

指标得分的标准化采用在上下限值之间进行线性化的方法。当实测得分达到或超过上限时，标准化分值为满分100分，实测得分小于等于下限值时，标准化分值为0分，实测得分位于上下限值之间时，通过线性公式转化为一个0~100的标准化分值。具体的指标标准化分值计算公式为

$$S_i = \left(\frac{X_i - G_1}{G_2 - G_1}\right) \times 100。 \qquad (1)$$

式中：

S_i 为每个指标的标准化分值，S_i 超过100时，按100计算；S_i 小于0时，按0计算。

X_i 为每个指标的实测值。

G_1 为下限值。

G_2 为上限值。

附表 2-1 列出了每个指标的下限值和上限值。

附表 2-1　三级指标的下限值和上限值

三级指标名称	下限值 G_1	上限值 G_2
数据中心保有率	0	10%
全球 TOP500 超算中心占比	0	50%
人均发电量	1000 千瓦时 / 人	20 000 千瓦时 / 人
移动蜂窝电话订阅率	0.5%	300%
互联网使用率	0.3%	100%
固定宽带订阅率	0	50%
5G 建设水平	0	1024 Mbps
人工智能顶级学者人口参与率	0	500 人 / 百万本科及以上入学人口
人工智能开源代码贡献量	0	300 项
人工智能高收藏量开源代码占比	0	100%
高水平人工智能核心专业开设率	0	100%
全日制科学和工程博士生占比	0	70%
PISA 测试成绩	0	50%
国家研发投入强度	0	5%
国家人工智能发展政策与规划	0	100
国家人工智能社会治理	0	100
人均人工智能论文产出量	0	5000 篇 / 百万本科及以上入学人口
人工智能顶级论文量	0	2500 篇
人工智能全球 TOP100 高被引论文占比	0	10 篇
人均人工智能专利申请量	0	100 项 / 百万劳动人口
人均人工智能专利授权量	0	50 项 / 百万劳动人口
人均 5G 专利申请量	0	50 项 / 百万劳动人口
人均 5G 专利授权量	0	20 项 / 百万劳动人口

续表

三级指标名称	下限值 G_1	上限值 G_2
人工智能企业数量	0	1000家
人工智能企业平均融资金额	0	10现价百万美元/家
人工智能上市企业数量	0	100家
人工智能从业人员人口参与率	0	500人/万劳动人口
集成电路盈利水平	0	10
物联网TOP500企业占比	0	10%

2. 指标的权重

指标体系分为3个层次，指标的权重也分为3个层次。使用层次分析法确定一级指标和二级指标的权重因子，如附表2-2所示。

附表2-2 一级指标和二级指标的权重

一级指标	一级指标权重	二级指标	二级指标权重
人工智能基础支撑	1/4	人工智能计算基础	1/2
		人工智能网络基础	1/2
人工智能创新资源与环境	1/4	人工智能人才	1/4
		人工智能教育	1/4
		国家研发投入	1/4
		人工智能创新制度	1/4
人工智能科技研发	1/4	人工智能学术论文	1/2
		人工智能专利	1/2
人工智能产业与应用	1/4	人工智能产业	1/2
		人工智能应用	1/2

在每个一级指标中，所包含的二级指标采用平均权重，对于每一个二级指标，其中的三级指标也采用平均权重。这样，各三级指标的权重如附表 2-3 所示。

附表 2-3　三级指标的权重

二级指标	三级指标	三级指标的分权重	三级指标的总权重
人工智能计算基础	数据中心保有率	1/3	1/24
	全球 TOP500 超算中心占比	1/3	1/24
	人均发电量	1/3	1/24
人工智能网络基础	移动蜂窝电话订阅率	1/4	1/32
	互联网使用率	1/4	1/32
	固定宽带订阅率	1/4	1/32
	5G 建设水平	1/4	1/32
人工智能人才	人工智能顶级学者人口参与率	1/3	1/48
	人工智能开源代码贡献量	1/3	1/48
	人工智能高收藏量开源代码占比	1/3	1/48
人工智能教育	高水平人工智能核心专业开设率	1/3	1/48
	全日制科学和工程博士生占比	1/3	1/48
	PISA 测试成绩	1/3	1/48
国家研发投入	国家研发投入强度	1	1/16
人工智能创新制度	国家人工智能发展政策与规划	1/2	1/32
	国家人工智能社会治理	1/2	1/32
人工智能学术论文	人均人工智能论文产出量	1/3	1/24
	人工智能顶级论文量	1/3	1/24
	人工智能全球 TOP100 高被引论文占比	1/3	1/24
人工智能专利	人均人工智能专利申请量	1/4	1/32
	人均人工智能专利授权量	1/4	1/32
	人均 5G 专利申请量	1/4	1/32
	人均 5G 专利授权量	1/4	1/32

续表

二级指标	三级指标	三级指标的分权重	三级指标的总权重
人工智能产业	人工智能企业数量	1/4	1/32
	人工智能企业平均融资金额	1/4	1/32
	人工智能上市企业数量	1/4	1/32
	人工智能从业人员人口参与率	1/4	1/32
人工智能应用	集成电路盈利水平	1/2	1/16
	物联网 TOP500 企业占比	1/2	1/16

3. 人工智能创新指数总分的计算

人工智能创新指数（Artificial Intelligence Innovation Index）的计算公式为

$$AIII = \sum_{i=1}^{n} S_i W_i \text{。} \tag{2}$$

式中：

S_i 为每个三级指标的标准化分值；

W_i 为每个三级指标的总权重值。